Boris Burcza

Pilgern mit Kindern

Per Rad auf dem Jakobsweg

reiseratte

Das für dieses Buch eingesetzte Papier ist ein Produkt
aus nachhaltiger Forstwirtschaft.

1. Auflage 2015

Herausgeberin der Edition Reiseratte: Geraldine Friedrich, Inzlingen

Herstellung: Dryas Verlag, Frankfurt am Main
Lektorat: Sandra Thoms, Frankfurt
Korrektorat: Birgit Rentz, Itzehoe
Umschlagabbildung: © Sabine Dunst, Guter Punkt, München (www.guter-punkt.de) unter Verwendung von Motiven von Boris Burcza und Alexander Altmann/pixelio.de
Graphiken Zettel: © Anja Kaiser © intereklam - Fotolia.com
Satz: Dryas Verlag, Frankfurt am Main
Gesetzt aus der Palatino Linotype
Druck: Scandinavian Books A/S, Aarhus N, Dänemark

Bibliografische Information der Deutschen Bibliothek:
Die Deutsche Bibliothek verzeichnet diese Publikation in der Deutschen Nationalbibliografie, detaillierte bibliografische Daten sind im Internet über http://dnb.ddb.de abrufbar.

ISBN: 978-3-945309-04-9
www.edition-reiseratte.de

Familie Burcza auf dem Jakobsweg

Natan (11 Monate): Der noch weitgehend zahn- und haarlose Wirbelwind ist das jüngste Mitglied der Familie und auch einer der jüngsten Pilger auf dem Jakobsweg. Geduldiges Herumsitzen im Fahrradanhänger ist seine Sache eigentlich nicht, aber dank der stets gut gefüllten Keksvorräte und der Fürsorge seiner großen Schwester sieht er meist bis zum nächsten Spielplatz von größeren Protesten ab. Dann aber ist er kaum zu halten und krabbelt in Windeseile über, auf und hinter alles, was ihm schmutzig und gefährlich genug erscheint. Wir hatten eigentlich fest damit gerechnet, dass er in Santiago seine ersten Schritte macht und elegant durch das Tor der Kathedrale schreitet, aber diese Vorführung hat er sich für seinen ersten Geburtstag aufgehoben, den wir einige Tage nach unserer Rückkehr feierten.

Emilia (3½ Jahre) wird aufgrund ihrer eher zierlichen Gestalt und ihrer Schüchternheit meist unterschätzt. Dabei hat sie es nicht nur auf dem Jakobsweg faustdick hinter den Ohren: Emilia spricht zwei Sprachen fließend, kann auf den langen Fahrten im Fahrradanhänger geduldig vor sich hin spielen oder selbst auf ihrem 12-Zoll-Fahrrad strampeln, bevor sie nach unserer Ankunft am Tagesziel auf Entdeckungstour geht. Darüber hinaus weiß sie durchaus, was sie will, und sorgt als große Schwester für die Durchsetzung kindlicher Interessen.

Ania (30 Jahre) hat es aus Liebe zu Mann und Wissenschaft aus dem schönen Gdańsk, Polen, ins ferne Baden verschlagen. Und auch sonst zieht es sie oft in die große, weite Welt hinaus – andere Länder, Sprachen und Kulturen sind ihre Leidenschaft. Dies musste sie als ordentliche Katholikin früher oder später auch einmal auf die Pilgerreise nach Santiago de Compostela führen. Als ruhender Pol der Familie hat sie es bei all den Anstrengungen des Weges aber nicht leicht, die meist nach größtmöglichem Unsinn strebenden übrigen Familienmitglieder im Zaum zu halten. Mit Beharrlichkeit schafft sie es fast unbemerkt vom Rest der Familie, dass am Ende des Tages doch alle Mägen gefüllt, die Zähne geputzt, die Kleider gewaschen und unsere Pilgerfreundschaften gepflegt sind.

Boris (33 Jahre) hat in der Elternzeit den Arztberuf gegen die sehr viel anstrengendere Aufgabe der Vollzeitkinderbetreuung eingetauscht und es sich mit Natan in einer chaotischen Männer-WG gemütlich eingerichtet, während Ania und Emilia die Arbeits- beziehungsweise Kindergartenwelt eroberten. Als krönender Abschluss der gemeinsamen Zeit steht nun das große Familienabenteuer „Jakobsweg" an. Hierbei hat Boris dann wieder als traditionelles Familienoberhaupt die Aufgabe, schwere Dinge zu tragen (beziehungsweise zu ziehen) und den Weg auszukundschaften. Sein Enthusiasmus für neue, unbekannte Wege – wörtlich sowie im übertragenen Sinne – stellt die Familie auch auf dem Jakobsweg mehr als einmal vor große Schwierigkeiten. Doch diese lassen sich gemeinsam und mit Hilfe von liebenswerten Pilgern und Einheimischen, von Eis und Schokolade, von Geduld und noch mehr Geduld schließlich immer überwinden.

Vor dem Spiel

22.07.2012 Karlsruhe – Irun

„Jetzt nur nichts vermasseln“, ist mein erster Gedanke, nachdem uns der Wecker um 6.30 Uhr aus dem Tiefschlaf gerissen hat. Ein halbes Jahr Vorbereitung und die Anschaffung zweier nagelneuer Falträder sowie der sündhaft teuren High-Tech-Funktionskleidung sollen sich schließlich bezahlt machen. Und wie hätten wir erklären sollen, dass wir noch vor Antritt der groß angekündigten Pilgerreise nach Santiago an solchen Banalitäten wie einem vergessenen Ausweis oder einem verpassten Zug gescheitert wären. Also die letzten unbedingt notwendigen Dinge einpacken und kontrollieren, ob alles eingepackt ist, und die Kinder durchzählen und nicht in Panik verfallen und alle Stecker ziehen und nochmals kontrollieren, ob alles eingepackt ist, die Kinder in den Anhänger verfrachten und nochmals alles durchgehen und ... Nach dem dritten, im Ergebnis unauffälligen Kontrollgang entschließe ich mich mit der sicheren Gewissheit, etwas ganz Wichtiges vergessen zu haben, dazu, die Tür abzuschließen und meiner Frau Ania nach draußen zu folgen.

Nun geht es wirklich los, die ersten Meter sind

geschafft. Als ich am Bahnhof nicht in der Lage bin, die Anzeigetafel zu entziffern, weiß ich, was ich vergessen habe: meine Brille. Ich bin zwar ohne Brille kein Maulwurf, aber eigentlich wäre es schon ganz schön gewesen, auch in der Ferne etwas erkennen oder Hinweisschilder lesen zu können. Die störrischen Fahrräder machen dann auch jegliche Hoffnung zunichte, ich könnte noch einmal nach Hause sprinten und die Brille holen. Obwohl wir eine halbe Stunde vor der Abfahrt am Gleis sind, schaffe ich es nur ganz knapp vor der Einfahrt des Zuges, die drei Räder und den Fahrradanhänger einigermaßen akzeptabel in den selbst genähten Fahrradtaschen zu verstauen. Die französische SNCF macht es Fahrradfahrern nicht gerade leicht – Fahrräder werden nur mitgenommen, wenn sie unkenntlich verpackt sind und nicht über das Standardmaß von 1,20 x 0,90 Meter hinausragen.

Der TGV nach Paris ist hoffnungslos überfüllt, da der vorhergehende Zug aus unerfindlichen Gründen ausgefallen ist. Mit Mühe schaffen wir es, die zwei Kinder und die drei Fahrradpakete in den Zug zu wuchten, bevor mir die verzweifelte Schaffnerin erklärt, dass unser Gepäck nicht im Einstiegsbereich stehen bleiben kann. Zu allem Überfluss schimmert plötzlich das Rücklicht meines Fahrrades blinkend durch die Tasche und lässt damit unsere Tarnung auffliegen. Für einen Rauswurf ist es zum Glück zu spät, also sieht die Schaffnerin gnädig darüber hinweg. Es finden sich tatsächlich ein paar Stellen, an denen wir unser Gepäck unterbringen können, und kurz vor Straßburg ist die Transportaktion dann zur Zufriedenheit aller beendet. Schweißnass und erschöpft lassen wir uns in die

Sessel fallen, woraufhin sich Emilia und Natan daran erinnern, dass sie bei dem ganzen Stress das Quengeln völlig vernachlässigt haben. Warum tun wir das alles eigentlich? Im Schwarzwald kann man doch auch Urlaub machen!

Die Fahrt bis Paris verläuft im Großen und Ganzen dann recht gemütlich. Bis Ania bei den ersten Anzeichen der Metropole bewusst wird, dass die zwei Stunden zum Umsteigen vom Gare de l'Est zum Gare Montparnasse doch sehr knapp kalkuliert sind. Bis die Räder einsatzfähig sind, ist schon eine knappe halbe Stunde vergangen. Wider Erwarten radelt es sich in Paris aber durchaus angenehm. Überall gibt es Radwege oder zumindest eine Busspur, die man mitbenutzen kann. Der sonntägliche Verkehr bleibt deutlich hinter unseren Erwartungen zurück. Als wir nach unseren ersten 6 Kilometern den Bahnhof Montparnasse erreichen, haben wir noch komfortable 50 Minuten bis zur Abfahrt unseres TGV nach Irun. Aber der Bahnhof hält noch einige Überraschungen bereit. Die erste davon ist, dass die Fernverkehrszüge im zweiten Stock abfahren – ein Bahnhofskonzept, das bei uns ungläubiges Staunen hervorruft. Der winzige Aufzug, die einzige Alternative zum scheinbar endlosen Treppengewirr, setzt dem Ganzen noch die Krone auf. Wir müssen es also riskieren, die Räder unbegleitet hochzuschicken, was auch ohne Zwischenfälle klappt. Das liegt vielleicht an der abschreckenden Wirkung der drei martialisch auftretenden Soldaten. Mit der größten Selbstverständlichkeit, durchdringenden Blicken und den Maschinengewehren im Anschlag schlendern sie durch die Bahnhofshallen. Sind wir im Krieg? Habe ich mal wieder das Entscheidende nicht mitbekommen? Wir bemühen uns, so unauffällig wie möglich zu erscheinen, und unterlassen auch jede sprachliche Äußerung, um bei den drei Schwerbewaffneten nicht durch unbedachte deutsch-polnische Wortfetzen Assoziationen zum großen oder zum Kalten Krieg hervorzurufen.

Als wir endlich den Fernbahnhof erreichen, stellen wir verwirrt fest, dass sich zu unserem Zug noch gar keine Gleisangabe findet. Auf unsere Nachfrage erklärt der Bahnbeamte, dass das Gleis immer erst 20 Minuten vor Abfahrt bekannt gegeben wird. Dies treibt uns wieder den Schweiß auf die Stirn, da das letzte Zusammenpacken der Räder ja eine halbe Stunde gedauert hat. Um wenigstens einen kleinen Hinweis zu ergattern, will ich mir den einzigen TGV, der abfahrbereit am Gleis steht, etwas genauer ansehen. Glücklicherweise kommt ein jugendlicher Fahrgast vor mir auf dieselbe Idee. Und so ist er es, der den ohrenbetäubenden Lärm auslöst. Die französische Bahn ist wirklich zu allem entschlossen und hat auf dem Bahnsteig eine Alarmanlage gegen unbefugtes Betreten installiert. Schuldbewusst wie ein auf frischer Tat ertappter Kaufhausdieb zieht sich der junge Mann zurück, und ich begrabe meine Hoffnung, stressfrei zu unseren Sitzplätzen zu gelangen. Auf ein geheimes Zeichen geht es dann 15 Minuten vor der planmäßigen Abfahrt des Zuges los. Wir versuchen, mit der wild gewordenen Masse an Leuten, die mit schwerem Gepäck bewaffnet das Gleis stürmt, Schritt zu halten. Natürlich befinden sich unsere Plätze am lokseitigen Ende des Zuges, was bei einem Sackbahnhof wie Montparnasse einer Gehstrecke von mehreren Hundert Metern entspricht. Glücklicherweise führen der Zeitdruck und die vorherigen Erfahrungen zu einer nicht für möglich gehaltenen Leistungssteigerung. Und so sind schon 10 Minuten nach der Abfahrt die Kinder mit Nahrung und das Gepäck mit ordnungsgemäßen Abstellplätzen versorgt. Zugfahren kann ja so entspannend sein.

Die restlichen sechs Stunden Fahrt vergehen wie im Zeitlupenflug. Natan findet bald einen gleichaltrigen französischen Kollegen, mit dem er munter den Mittelgang rauf und runter krabbelt. Einzig die fehlende Feinmotorik – von Weitem sieht das Ganze manchmal aus wie Boxen mit verbundenen Augen – verhindert eine nähere Kontaktaufnahme. Nachdem wir aus Langeweile fast unsere gesamten Vorräte verputzt und Emilias Pixibücher zum siebten Mal durchgelesen haben, kommt kurz vor Ende der Fahrt endlich das Meer in Sicht, was unsere Urlaubsstimmung erwachen lässt.

Die ist dann aber bei der Ankunft in Irun schon wieder verflogen, da erstens die Stadt gar nicht am Meer liegt und sich zweitens das Wo und Wie der Übernachtung nach ganz oben auf die Prioritätenliste schiebt. Ich habe zwar schon ein Zimmer in der Pension Bowling in Bahnhofsnähe gebucht, bin mir aber nicht sicher, ob die Pension Bowling das auch noch weiß. Die Kommunikation lief nämlich unter Zuhilfenahme eines Übersetzungsprogramms über mehrere, zum

Teil schwer verständliche E-Mails. Zu unserer Erleichterung findet die Dame am Empfang der Pension tatsächlich unsere Namen auf einer ihrer Listen und händigt uns den Schlüssel zu unserem Zimmer aus. Auf die Frage nach einer Abstellmöglichkeit für unsere Fahrräder zuckt sie allerdings nur gleichgültig mit den Achseln, so dass uns nichts anderes übrig bleibt, als Räder und Anhänger erneut zusammenzufalten, um sie mit dem kleinen Aufzug in den dritten Stock zu befördern. Ania ist noch erschöpfter als ich, aber Emilia taut nach ausgiebigem Mittagsschlaf im Zug gerade erst auf. Also ziehen wir beide noch einmal los, während Ania Natan ins Bett bringt.

Außer einer Flasche Wasser aus dem Automaten und dem ersten Eis der Reise können wir um diese Uhrzeit – es ist inzwischen 22 Uhr – nichts Vernünftiges mehr auftreiben. Dafür toben wir uns noch eine Weile auf einem Spielplatz mit bunten Gummimatten als Untergrund aus. Sand, das wird sich später noch herausstellen, scheint als Spielplatzuntergrund in Spanien völlig unbekannt zu sein. Emilia ist auch nach der Rückkehr in die Pension nicht unterzukriegen, und so dauert das Zubettbringen heute eben bis nach Mitternacht. Zur Strafe muss sie auf dem Boden schlafen, denn das Doppelbett bietet nicht genügend Spielraum für zwei Kinder. Aber auch das scheint ihr nichts auszumachen.

23.07.2012 Irun – Donostia/San Sebastian

Um jeden Zweifel an unserer hehren Pilgereinstellung auszuräumen, beginnen wir unseren spanischen Jakobsweg mit der baskischen Bahn. Wir haben unsere Kinder dabei, das muss als Begründung dafür reichen, dass wir uns nicht in das asketische Pilgerschema einreihen lassen. Wir fahren mit dem Fahrrad, statt unsere Füße zu schinden, wir sind nicht von zu Hause aus gestartet, und wir haben ein paar Züge oder Busse fest einkalkuliert, um voranzukommen. Und wir pilgern entlang der mit umfassender touristischer Infrastruktur ausgestatteten Küstenroute. Außerdem ist es mit der religiösen Motivation zumindest bei mir nicht weit her. Wir haben uns also eher auf einen Radurlaub mit Wallfahrtsatmosphäre eingestellt. Gerechterweise erhalten wir in Irun auch keinen Stempel für unseren Pilgerpass, da das örtliche Pfarrbüro montags geschlossen hat. Die baskische Bahn EuskoTren ist im Gegensatz zum französischen TGV auf Fahrradfahrer eingestellt. Einzig der Einstieg in Irun gestaltet sich etwas schwierig. Die Haltestelle im Zentrum befindet sich gut versteckt in einem Hauseingang, von dem aus man über eine Treppe nach unten die Gleise erreicht. Der zunächst äußerst gleichgültige Bahnbeamte hilft uns, den Anhänger und die Fahrräder über das Drehkreuz zu tragen, und bezahlt diesen Einsatz mit drei schmerzhaft eingeklemmten Fingern. Wir entschuldigen uns mehrfach und hoffen, dass er seine Hilfsbereitschaft nicht allzu sehr bereut oder gar ganz einstellt.

In Donosti, wie San Sebastian von den einheimischen Basken genannt wird, erwartet uns nach 2 Kilometern auf den allgegenwärtigen Radwegen die Jugendherberge „Ondarreta La Sirena" mit einem reservierten Doppelzimmer und dem ersten Pilgerstempel. Der kilometerlange Strand der Muschelbucht ist herrlich und um 13 Uhr noch nicht überfüllt. Ania und Emilia begeben sich gleich auf Muschelsuche und kehren mit vollen Händen zurück, wobei aber noch keine Jakobsmuschel darunter ist. Danach erkunden wir die mondäne Altstadt, wo wir tatsächlich eine Familie mit Fahrradanhänger sehen, was in Spanien absoluten Seltenheitswert hat. Das Fahrrad gilt gemeinhin eher als Sportgerät denn als Fortbewegungsmittel. An der überraschten Reaktion vieler Passanten bei unserem Anblick wird uns schnell deutlich, dass die Idee, Kinder in einem Fahrradanhänger zu transportieren, deren Vorstellungskraft übersteigt. So ist es auch nicht verwunderlich, dass Kinderfahrradanhänger noch keinen Eingang in die spanische Straßenverkehrsordnung gefunden haben.

Zurück in der Jugendherberge stellen Natan und Emilia nach dem entspannenden Nachmittag unser nach der anstrengenden Anreise eher dünnes Nervenkostüm auf die Probe. Emilia sorgt für helle Freude, als sie den Kakao aus dem Automaten zuerst desinteressiert kalt werden lässt und diesen dann im Ganzen über sich und den gedeckten Tisch kippt. Natan lässt mich kaum Nudeln kochen, ohne loszuflennen oder über den Mülleimer herzufallen, und kickt zu allem Überfluss eine Dose Oliven unter den Küchenschrank – an eine

Stelle, die in diesem Jahrhundert noch nicht mit einem Besen in Berührung gekommen sein kann. Ania und ich schlagen uns zunächst mittelmäßig in Sachen Krisenmanagement und dann aus Frust den Bauch voll. Danach fallen wir schon wieder völlig erschöpft in die Federn und schlafen nur Sekunden nach den Kids ein. Emilia schläft diesmal direkt über uns im Hochbett und fällt nachts erstaunlicherweise nicht herunter.

San Sebastian (baskisch: Donosti oder Donostia) ist der ideale Ausgangspunkt für den Jakobsweg. Das mondäne Seebad bietet noch einmal alle Annehmlichkeiten touristischer Infrastruktur, bevor der Camino in spartanische Gefilde führt. Vor allem für Kinder hat die 180.000-Einwohner-Stadt viel zu bieten. Sie schmiegt sich an die kilometerlange Muschelbucht (Bahia de La Concha), der Strand ist also nie weit entfernt. Für Strandmuffel wartet San Sebastian mit einer hübschen Altstadt, etlichen Museen sowie einem spektakulären Aquarium auf. Die älteste Standseilbahn des Baskenlandes führt auf den Monte Igeldo am westlichen Ende der Muschelbucht, wo sich auch ein kleiner Vergnügungspark befindet.
(offizielle Homepage: www.donostia.org)

Baskenland

1. Etappe: 24.07.2012
San Sebastian – Zarautz

Obwohl wir schon um 8 Uhr zum Frühstück aufstehen, dauert es bis 10.30 Uhr, bis die Räder einsatzbereit sind. Es geht also wirklich los. Dazu begrüßt uns der Monte Igeldo mit einem satten Anstieg.

Der Jakobsweg folgt bis Deba dem Küstenverlauf und wartet immer wieder mit herrlichen Ausblicken über das Meer auf. Schöne und gut zugängliche Strände gibt es in Zarautz, Zumaia und Deba.

Als wir auf einem kurzen, flachen Wegstück nach der ersten kleinen Steigung eine Verschnaufpause einlegen, gestehe ich mir ein, dass mein linkes Pedal merkwürdig eiert. Ein Blick nach unten verheißt nichts Gutes. Beim letzten Zusammenbauen der Räder habe ich das Pedal wohl nicht richtig angezogen, und jetzt ist schon das halbe Gewinde hin. Die andere Hälfte reicht aber noch zum Festzurren, und so können wir nach dem Schreck erst einmal weiterfahren. Auf einen Besuch im Mini-Freizeitpark Monte Igeldo verzichten wir aber, da wir erst einmal nur weiterkommen wollen. Emilia kann kurz darauf unsere Pilgerausweise an einem Do-it-yourself-Stand abstempeln und sich auch ein bisschen auf ihr Rad schwingen. Allerdings gibt sie bei dem ständigen Auf und Ab schon nach 500 Metern entnervt auf und verpasst so den schweißtreibenden Teil, der nun folgen soll. Der Camino führt auf kleinen Sträßchen mehr auf als ab, um dann für uns im Gestrüpp eines Pfades vorläufig zu enden. Nach langem Hin und Her entschließen wir uns umzukehren, was auf dem zugewachsenen Pfad gar nicht so einfach zu bewerkstelligen ist. Wir fahren zurück und biegen bei der erstbesten Gelegenheit nach rechts ab. Und tatsächlich bringt uns das kleine Sträßchen im Schneckentempo – bei der Steigung müssen wir schieben – zur Landstraße auf den Rücken des Monte Igeldo, wo dann der wirkliche Anstieg beginnt. Auf 340 Metern über dem Meeresspiegel ist der höchste Punkt des Tages erreicht und wir können nach Orio hinunterrollen. Dort machen wir an der Ria, einem fjordähnlichen Flussarm, Mittagspause mit Baguette, Brie und Tomaten. Zum Nachtisch gibt es Pfirsiche. All das wird für die nächsten vier Wochen zum Hauptbestandteil unserer Nahrung werden. Und natürlich die obligatorischen Kekse, ohne die die Laune von Natan und Emilia schon auf den ersten Metern unserer heutigen Etappe in den Keller gerutscht wäre. Gut gestärkt erklimmen wir den letzten Hügel vor unserem Tagesziel Zarautz und rollen dann gemütlich in das kleine Küstenstädtchen. Da wir früh dran sind – es ist gerade einmal 15 Uhr –, überlegen wir, ob wir noch ein paar Kilometer bis zur nächsten Herberge dranhängen sollen, entscheiden uns beim Anblick des kilometerlangen Sandstrandes aber spontan zum Bleiben.

Die Herberge in einer alten Schule liegt nur wenige Meter vom Strand entfernt. Als wir unsere Köpfe durch das kleine Eingangstor stecken, bedeutet uns der Herbergsvater, der Hospitalero, freundlich, dass wir noch bis 19 Uhr zu warten hätten. Da keiner von uns beiden des Baskischen mächtig ist, Ania auch kein Spanisch spricht und meine Spanischkenntnisse gerade zaghaft aus einem zehnjährigen Dornröschenschlaf erwachen, entwickelt sich ein interessanter Dialog der Missverständnisse: Auf unsere fragenden Augen, warum wir denn zu warten hätten, gelingt es dem Hospitalero noch, uns klarzumachen, dass Fußpilger Vorrang vor Fahrradfahrern hätten. Als wir daraufhin auf den Fahrradanhänger zeigen, in der Hoffnung, dass wir als Reisende mit Kindern vielleicht einen kleinen Bonus bekommen, gerät die Unterhaltung völlig aus den Fugen. Das aufgeschreckte „No! Prohibido!" des nun wild gestikulierenden Hospitaleros deuten wir als ein generelles Kinderverbot, und wir steigern uns in eine sprachlose Panik hinein. Dem Hospitalero entweicht nach einigem hilflosen Hin und Her das Wort „Camping", womit wir uns besser anfreunden können, denn ein Verbot zu campen erscheint uns logischer als ein Verbot, Kinder mitzubringen. Was das alles mit uns zu tun haben soll, bleibt uns schleierhaft. Bis mir schließlich der Kragen platzt und ich den friedlich vor sich hinspielenden Natan aus dem Wagen zerre und den Hospitalero vorwurfsvoll frage, warum der arme Knirps denn nicht hier hereindarf. Und plötzlich hellen sich die Gesichtszüge des Herbergsvaters auf. Endlich öffnet er uns das kleine Tor, so dass auch der Anhänger durchpasst, und fängt an, sich mit Natan mit Babylauten zu unterhalten. „Kein Problem, kein Problem", ist alles, was wir von dem folgenden, wieder an uns gerichteten Redeschwall verstehen. Er zeigt uns die Herberge und den großen Garten mit Garage. Während ich die Fahrräder darin unterbringe, regelt Ania mit dem Hospitalero die Formalitäten und bekommt zwei Betten in einem großen Raum mit etwa 20 Schlafgelegenheiten zugewiesen. Überraschenderweise bleiben die anderen Betten leer, so dass wir unsere erste Nacht in einer Pilgerherberge quasi in einem riesigen Doppelzimmer verbringen, während die anderen Pilger im gut gefüllten Nebenraum schlafen müssen. Wir reimen uns das missglückte Gespräch mit dem Hospitalero so zusammen, dass er die Kinder im Fahrradanhänger – verdeckt durch das Eingangstor, das geschlossene Fliegengitter und geblendet von den reflektierenden Seitenfenstern des Anhängers – überhaupt nicht hat sehen können. Da in Spanien Fahrradanhänger allenfalls zum Lastentransport eingesetzt werden, hat er unseren Anhänger wahrscheinlich für unsere Campingausrüstung gehalten. Nach all der Aufregung lassen wir am Strand alle fünfe gerade sein.

Wieder zurück in der Herberge zwinge ich beim Wäschewaschen Paul aus Deutschland und Marija aus Slowenien mein erstes Pilgergespräch auf. Die beiden wandern seit drei Tagen zusammen und sind seither sowohl Santiago als auch einander ein gutes Stück näher gekommen. Nur das Wäschewaschen klappt bei Paul noch nicht so wirklich – auf der frisch gewaschenen Kleidung sind noch immer Flecken zu erkennen, und außerdem hat sie keine Chance, in den nächsten zwei Tagen trocken zu werden, so klitschnass, wie er sie aufgehängt hat. Marija gibt ihm daraufhin mit einigen ironischen Seitenhieben Nachhilfe in guter Haushaltsführung. Ich erinnere mich dabei etwas wehmütig an die Zeit, in der ich noch blutjung und naiv durch die Welt getapert bin. Dass diese Zeit nun unwiederbringlich zu Ende ist, wird mir schlagartig klar, als Emilia mit dem Fahrrad über eine Baumwurzel stürzt und plärrend angerannt kommt, während Natan mit wechselpflichtiger Windel die frisch gewaschene Wäsche in der staubigen Einfahrt verteilt. Zum Glück kommt Ania frisch geduscht um die Ecke gebogen und übernimmt die anstehende Chaosbeseitigung. Gemütlich lassen wir den Tag bei Livemusik, Tortilla und essigsaurem Cidre auf der Musika Plaza ausklingen, wo ein riesiges Plakat Touristen freundlich darauf hinweist, dass sie sich weder in Frankreich noch in Spanien, sondern im Baskenland befinden. Natan und Emilia sind solche erwachsenen Spitzfindigkeiten herzlich egal. Inmitten der lauten Kinderhorde toben sich die beiden in dem kleinen Pavillon des Platzes aus, und es spielt absolut keine Rolle, ob sie die anderen Kinder auf Spanisch, Französisch oder Baskisch nicht verstehen.

2. Etappe: 25.07.2012
Zarautz – Deba

Als wir uns kurz vor 7 Uhr aus dem Bett quälen, müssen wir zu unserer Überraschung feststellen, dass die meisten Pilger die Herberge bereits verlassen haben. Das am Abend zuvor noch brechend volle Schuhregal vor dem Schlafsaal ist bis auf zwei einsame Paar Wanderschuhe komplett leer. Die wiederum gehören Paul und Marija, die sich über das flotte Tempo unserer Mitpilger genauso wundern wie wir. Um 8 Uhr sind wir startklar und versuchen auf der 4 Kilometer langen Strandpromenade nach Getaria den Vorsprung der frühen Vögel aufzuholen. Das stößt bei den gemütlich schlendernden Touristen nicht immer auf Gegenliebe, denn mit dem breiten Anhänger fege ich bei der rasanten Fahrt so manchen Fußgänger fast vom Weg. Die Flüche überhöre ich kaltschnäuzig und versuche ängstlich das Tempo hochzuhalten, um möglichst weit zu kommen, solange der Camino flach verläuft und die Kinder zufrieden im Anhänger sitzen. Beides ist nämlich für den Rest der Etappe nicht zu erwarten. In Getaria kommt es dann auch knüppeldick, denn die 20 Prozent Steigung auf alten Pflastersteinen schaffen wir nur zu zweit schiebend, und bei dem Gewackel haben Natan und Emilia bald keine Lust mehr, sitzen zu bleiben. Die 2 Kilometer bis zum nächsten Dorf, Askizu, ziehen sich wegen kaum befahrbarer Feldwege, irrwitziger Steigungen und unlustiger Kinder unnötig in die Länge. Die Pause vor der kleinen Kirche aus dem 16. Jahrhundert haben wir uns schließlich redlich verdient. Doch all das sollte nur der Anfang sein. Emilia ist das am schnellsten klar. Nach 100 Metern auf ihrem Fahrrad weiß sie, wie der Hase läuft, und begnügt sich fortan mit der Zuschauerrolle. Nach einem weiteren kurzen Anstieg fahren wir auf einem sehr groben Schotterweg senkrecht den Abhang hinunter, was unseren Bremsen alles abverlangt. Der Panoramablick auf das unter uns liegende Meer wirkt dabei eher als Bedrohung denn als Stimmungsaufheller. Wir überstehen dieses Teilstück irgendwie und können nach Passieren des schönen Küstenstädtchens Zumaia den nächsten Anstieg in Angriff nehmen.

Gerade als wir schweißüberströmt den Anstieg erklimmen, sehen wir ein Fahrzeug der baskischen Polizei langsam auf uns zukommen. Mir wird schon ein bisschen mulmig, denn wir bewegen uns in Spanien ja in einer rechtlichen Grauzone, wenn wir die Kinder im Fahrradanhänger transportieren. Es wäre eine große Schmach, die Reise nach zwei Tagen abbrechen zu müssen, weil ein übereifriger Polizist unseren Anhänger konfisziert. Das Polizeiauto wird tatsächlich noch langsamer, bis es schließlich neben uns zum Stehen kommt und eine Scheibe heruntergekurbelt wird. Oh, Mist, das war es dann wohl, denke ich. Anias Miene nach zu urteilen scheint es ihr nicht anders zu gehen, als die Polizistin sie aus dem Auto heraus anspricht. Ich stehe einige Meter hinter Ania und hoffe, dass sie jetzt Verhandlungsgeschick an den Tag legt. Von der Mischung aus Spanisch, Englisch und Zeichensprache verstehe ich aus der Entfernung kaum etwas, doch die Sache scheint sich für uns günstig zu entwickeln, denn die Polizistin und ihr Kollege bleiben sitzen und erscheinen uns eher freundlich zugewandt als übereifrig. Als das Auto endlich weiterfährt und ich zu Ania aufschließen kann, halte ich es vor Spannung kaum mehr aus. „Die wollten uns nur den Weg erklären", meint Ania trocken. Wir sollen am besten die Nationalstraße nehmen. Der Camino sei zwar auch mit dem Fahrrad machbar, aber bei dem Anhänger hätten die Polizisten so ihre Zweifel gehabt. Ich bin erst einmal sprachlos. Die Freundlichkeit der Basken ist doch kaum zu übertreffen. Wir haben aber noch immer einen Heidenrespekt vor der Nationalstraße und ihren Benutzern, so dass wir die Warnung der Polizisten in den Wind schlagen und uns nicht vom Camino abbringen lassen. Dass sich das rächen wird, war uns im Grunde klar, denn unser allerhöchstes Radreisegebot lautet nach einschlägigen Erfahrungen: Höre auf die Einheimischen!

Wege, die so steil sind, dass wir uns im ersten Gang gerade noch auf dem Fahrrad halten können, wechseln sich ab mit Wegen, auf denen wir schieben müssen, und Wegen, auf denen es uns nur zu zweit gelingt, den Anhänger zu schieben. Dazwischen schleicht sich hier und da eine halsbrecherische Abfahrt ein. Doch unsere Mitpilger helfen uns netterweise immer mal wieder beim Schieben, und auch Emilia und Natan ertragen diese völlig sinnlose Schufterei unter der brennenden Mittagssonne mit Fassung. Umso mehr stürzen sie sich dann mit Freude auf den idyllischen Picknickplatz bei Elorriaga, wo wir auf dem Höhepunkt der Etappe eine längere Pause brauchen. Vor allem die kleine Wasserstelle hat es Natan angetan – er krabbelt immer wieder mitten durch den Matsch, während Emilia den Wasserhahn aufdreht. Als die zwei vollauf beschäftigt sind, fangen wir ein Gespräch mit zwei deutschen Pilgern an. Karina und Gregor haben den Camino schon hinter sich und wandern jetzt auf dem Rückweg per Anhalter einfach noch einmal die schönsten Stellen ab. Gregor ist den Weg sogar komplett barfuß gepilgert und hat sich nur von Rohkost ernährt, wozu er 10 Kilo Saaten und Rohkost aus Deutschland mitgeschleppt hat. Es gibt also noch größere Freaks als uns auf dem Camino – das freut uns ungeheuer. Die beiden beantworten brav unsere Pilgeranfängerfragen und haben eine Menge brauchbarer Tipps parat. Karina schenkt uns schließlich ihre Jakobsmuschel, so dass wir auch endlich als echte Pilger zu erkennen sind. Stolz und erholt machen wir uns auf die Weiterreise.

Nachdem wir uns mehr als eine halbe Stunde lang auf einer Strecke von 500 Metern ein kleines Sträßchen hinaufgequält haben, biegt der Weg durch ein Gatter auf einen Waldweg ab, führt dann mitten durch eine dösende Schafherde, um nach einigen Hundert Metern endgültig im Matsch zu enden. Ich laufe die Gegend ab in der Hoffnung, doch noch einen befahrbaren Untergrund zu entdecken. Außer steinigen Anstiegen und noch mehr Matsch kann ich jedoch nichts finden. Entnervt und in unserem Pilgerstolz gekränkt geben wir auf und kehren reumütig zur Nationalstraße zurück. Das laute Hallo der viel befahrenen N-634 lässt unsere Knie erst einmal zittern, aber zum Glück verhalten sich die Fahrer durchweg zivilisiert. So bleiben wir nicht nur bis zur nächsten Ortschaft, Itziar, dem winzigen Seitenstreifen treu, sondern lassen uns sogar noch weitere 6 Kilometer nach Deba hinunterrollen. Das kleine Hafenstädtchen ist unser nächstes Etappenziel, und es würde uns nach den Strapazen des heutigen Tages nicht einmal im Traum einfallen, auch nur einen Kilometer weiter zu fahren.

Der Weg zu einem Bett führt hier witzigerweise über die Touristeninformation, wo wir einen Schlüssel und eine Wegbeschreibung in die Hand gedrückt bekommen. Die Herberge liegt oberhalb der Stadt in einer alten Schule. Zum Glück haben sich die Stadtplaner von Deba nicht lumpen lassen, den Fußweg dorthin mit Aufzügen auszustatten, so dass wir auch in unserem Zustand den Aufstieg noch bewältigen können. Für meinen Geschmack hätte man dabei aber etwas konsequenter sein können, denn die letzten Meter zur Herberge führen über einen schier unbezwingbaren Treppenweg nach oben. Ich reiße mich also zusammen und bündele meine Wut über die nicht enden wollenden Steigungen. Wie ein Berserker ziehe und zerre ich den mit Emilia und Natan bestimmt 60 Kilo schweren Anhänger die Treppen nach oben. Ania versucht mehrmals, mich dezent darauf hinzuweisen, dass ich die beiden doch aussteigen lassen oder den Anhänger vor der Treppe abstellen könne, da wir abends sowieso nochmals in die Stadt gehen werden. Aber ihre Worte prallen ungehört an mir ab, vielmehr fahre ich sie unwirsch auf der Hälfte der Treppe an, sie solle mich nicht bei der Arbeit stören. Als wir endlich die bis auf den verschimmelten Eingangsbereich sehr angenehme Herberge erreichen, dauert es eine ganze Weile, bis wir uns und die Kinder von Dreck, Schweiß und den Tränen des Tages befreit haben. Emilia und

Natan haben die Etappe vergleichsweise gut verkraftet, wollen jetzt aber endlich bespaßt werden. Also gehen wir hinunter zum Stadtstrand, um eine Runde zu baden, bevor wir zu unserem ersten Menu Peregrino – dem Pilgermenü – aufbrechen.

Das kleine Restaurant in der Stadtmitte hat schon zuvor im Vorbeigehen unseren Appetit geweckt und ist jetzt gut gefüllt mit Pilgern, die wir bereits in der Herberge getroffen haben. Wir setzen uns zu einer sympathischen Isländerin, die gemütlich ihren Espresso schlürft und mit so viel Aufmerksamkeit gar nicht gerechnet hat. Sie passt wunderbar in alle Klischees, die uns bei dem Gedanken an Island in den Sinn kommen: Sie spricht eher wenig, ist dafür aber herrlich verschroben und hat einen schrägen Humor. Und dann behauptet sie ohne rot zu werden, dass ihr die Königsetappe nach Markina-Xemein nicht genug sei und sie gern noch ein Stück weiterkommen will. Das scheint mir bei den etwa 1.000 Höhenmetern und ihrer körperlichen Verfassung – sie ist nicht mehr die Jüngste und ein bisschen zu klein für ihr Gewicht – etwas gewagt. Oder eben absolut glaubhaft. Wir hören ihr gespannt zu. Als sie sich dann kurz vor unserem Hauptgericht auf den Weg in die Herberge macht, sitzen Marija und Paul am Nebentisch. Natan und Emilia verschlingen alles, was ungesund aussieht – und davon haben die Pilgermenüs im Allgemeinen und dieses im Besonderen viel zu bieten: fettige Würstchen mit Pommes und zuckersüße Kuchen zum Nachtisch. Ich begnüge mich mit dem, was Natan und Emilia übrig lassen, und überlasse dem Rest der Familie mein totes

Tier auf dem Teller. Die Philosophie des Vegetarismus scheint hier völlig unbekannt zu sein. Eine Flasche Wein pro Tisch ist Bestandteil eines jeden Pilgermenüs, und da Ania noch stillt, habe ich die ganze Flasche für mich. Ein wenig Hilfestellung bekomme ich von Marija und Paul, zu denen wir uns bald gesellen. Deutlich nach der offiziellen Pilgersperrstunde um 22 Uhr treten wir alle zusammen satt und zufrieden den Rückweg in Richtung Herberge an.

Natan hat kurz vor dem Essen noch ein Nickerchen gemacht und ist jetzt wieder quietschfidel. Ania übernimmt notgedrungen den anständigen Part und bringt Emilia ins Bett, während ich mit Natan in der Trage noch durch die laue Sommernacht spaziere. Dabei fällt mir auf, dass ich zum ersten Mal seit unserer Abreise Zeit für mich habe und ungeniert meinen Gedanken nachhängen kann. Allerdings verhindert die mich nun überkommende Müdigkeit das Aufkommen verwertbaren Gedankengutes. Und so schlafe ich nur wenige Sekunden, nachdem ich den endlich eingenickten Natan bei Ania im Bett deponiert habe, völlig erschöpft ein. Der lange Tag will aber noch nicht zu Ende gehen, denn gegen 3 Uhr wache ich mit dem Gefühl, dass irgendetwas nicht stimmt, wieder auf. Nach einigen Augenblicken weiß ich auch, was nicht stimmt: Mein Magen – er rebelliert. Das Pilgermenü war nach den Strapazen des Tages offenbar zu viel für ihn. Auch hier empfiehlt es sich also, langsam zu beginnen und sich nach und nach dem Verzehr eines vollständigen Menüs anzunähern. Als ich zerknautscht von der Toilette zurückkomme, liegt Emilia irgendwo zwischen unseren Satteltaschen auf dem Boden. Die Fähigkeit, auf

Bäumen oder Ähnlichem zu schlafen, entwickelt sich bei Menschen vielleicht erst nach dem vierten Lebensjahr. Es scheint ihr aber nichts auszumachen, denn aufgewacht ist sie von ihrem Absturz aus dem Bett nicht. Ania versucht gerade verzweifelt, sie wieder ins Bett zu hieven, ohne den an ihrer Brust klebenden Natan aufzuwecken – ein an sich aussichtsloses Unterfangen. Hier kann ich mich heute doch noch einmal nützlich einbringen. Schließlich pendle ich zwei Stunden zwischen Toilette und Etagenbett, bis ich endlich wieder einschlafe.

3. Etappe: 26.07.2012
Deba – Markina-Xemein

Hinter Deba zweigt der Jakobsweg ins baskische Hinterland ab. In der grünen und sehr hügeligen Landschaft kann man die typischen baskischen Bauernhäuser bewundern, die oft an die Bauweise entsprechender Häuser in den Alpen erinnern.

Am nächsten Morgen schwingen wir uns tatsächlich schon um 9 Uhr auf unsere Räder, sind damit aber trotzdem die Letzten, die die Herberge verlassen. Ich lasse mir Ania gegenüber nichts von den Ereignissen der Nacht anmerken und erwidere nur ein knappes „Geht so“ auf ihre besorgte Frage nach meinem

Befinden. Ich fühle mich auch gar nicht so mies wie erwartet. Natürlich bin ich nicht in der Lage, die Königsetappe des Baskenlandes bis Markina mit ihren Furcht erregenden Anstiegen und Unmengen zu erwartenden Schiebepassagen zu meistern. Also gebe ich meinen Widerstand gegen die von Ania favorisierte Straßenvariante auf.

In einem der wenigen Blogs über das Radfahren auf der Küstenroute wurde die Strecke von Ondarroa bis Markina-Xemein als „die schlimmsten 10 Kilometer des gesamten Camino" beschrieben. Der dichte und rasante Verkehr – vor allem aber unzählige Lastwagen – soll Radfahrern auf der engen Provinzstraße das Leben zur Hölle machen. Das ist genau das, was ich heute mit schweren Beinen und dickem Kopf brauche. Aber ich habe mich ja selbst in diese Lage manövriert, also füge ich mich still in mein Schicksal. Am gefährlichsten wird es für Ania, die mit unserem knallroten Signalseesack auf dem Gepäckträger hinter mir und dem Anhänger fährt und so die erste Barriere für wild gewordene Autofahrer bildet. Seltsamerweise will sich aber auf der gesamten Strecke kein dichter und rasanter Verkehr einstellen. Vielmehr erinnert das Ganze an eine Sonntagsspazierfahrt im Schwarzwald. Und selbst da, wo die Straße ein bisschen enger wird, überholen uns die Lastwagen in gebührendem Abstand. Einzig Natan hat keine gute Laune und protestiert auf seine Weise gegen unsere kleine Betrügerei am wahren Camino, indem er mehrfach mittels lauten Gebrülls unsere Fahrt zu einer Stop-and-Go-Veranstaltung werden lässt. Plötzlich und unerwartet sind wir dann doch schon um 13 Uhr in Markina-Xemein und können unsere Pause auf dem schattigen Spielplatz in der Ortsmitte gehörig in die Länge ziehen.

Wir wollen aber noch mindestens bis zur Herberge im Kloster Zenarruza kommen, von dem unser Reiseführer berichtet, dass sich der stramme Anstieg schon wegen der Aussicht lohnt. Und irgendwie vermissen wir nach der bisherigen Flachetappe eine echte Herausforderung. Als wir dann Natan und Emilia endlich überzeugt haben, dass andere Dörfer auch schöne Spielplätze haben, und wieder losfahren, merken wir, dass es ziemlich heiß geworden ist. Kaum haben wir Markina-Xemein hinter uns gelassen, geht im Anhänger das Geschrei los. Die Landstraße gibt einem das Gefühl, direkt in einen vorgeheizten Backofen hineinzufahren. Ohne ein Wort zu sagen, drehen wir beim nächsten Kreisverkehr eine komplette Runde und kehren schnurstracks nach Markina zurück. Die Herberge in einem ehemaligen Kloster öffnet gerade ihre Pforten. Die freundliche Hospitalera bekommt leuchtende Augen, als sie unsere kleinen Pilger entdeckt, und gibt uns großzügigerweise ein eigenes Zimmer. Natan und Emilia können ihre Freude darüber gerade nicht wirklich zeigen und lassen sich auch durch süße Bestechungsversuche der Hospitalera nicht von ihrer Schüchternheit abbringen. Doch auch ihre Laune hellt sich merklich auf, als wir den von der Hospitalera empfohlenen Wasserspielplatz erreichen. Dort genießen die beiden unter lautem Geschrei die Abkühlung durch das von überall her sprudelnde Nass.

In Markina-Xemein gibt es ein kommunales Schwimmbad, neben dem sich ein herrlicher (kostenloser) Wasserspielplatz befindet. Dieser ist mit Dutzenden Fontänen und Wasserspeiern gespickt und ist vor allem für die Jüngsten ein großer Spaß.

Der restliche Tag vergeht wie im Fluge, am Abend gibt es sogar ein größtenteils vegetarisches Pilgermenü – mit einer Flasche Wasser, versteht sich. Wenn ich es heute mal mit Hape Kerkeling halten und mich an einem Fazit für diesen Tag versuchen sollte, so wäre dies: Santiago gibt einem auf dem Weg das, was man braucht. Aber man sollte nicht übermütig werden.

4. Etappe: 27.07.2012
Markina-Xemein – Portugalete

Wir kommen immer besser in Fahrt und sitzen heute schon um 8.15 Uhr in den Sätteln. Die Temperaturen auf der Landstraße sind nach dem nächtlichen Gewitter deutlich angenehmer als gestern. Wir entscheiden uns in Bolibar, auf der kaum befahrenen Landstraße zu bleiben.

In Bolibar befindet sich ein Museum, das sich dem südamerikanischen Freiheitskämpfer Simon Bolivar widmet, der aus diesem Ort stammte.

Damit lassen wir uns zwar das bereits erwähnte Kloster Zenarruza entgehen, unser Reiseführer beschreibt aber den anschließenden Weg wahlweise als steile Rampe oder knöcheltiefe Morastbahn mit brückenloser Bachüberquerung, worauf wir heute nicht die geringste Lust verspüren. Die Landstraße ist aber auch kein Zuckerschlecken und bietet zunächst eine satte Steigung bis zum Gontzagarigana-Pass auf einer Höhe von 365 Metern über dem Meeresspiegel. Danach geht es meist bergab oder eben durch die saftig grüne Landschaft, so dass wir rasend schnell vorankommen. Nach Natans gestrigen Meckereien sind wir froh über seinen ruhigen Schlaf und erkaufen uns Emilias gute Laune statt mit einem Halt an einem Spielplatz mit Unmengen von Keksen und Kuchen. So sind wir dann noch vormittags in Gernika.

Gernika ist ein geschichtsträchtiger Ort. Die Stadt gilt als die „heilige Stadt" der Basken und war jahrhundertelang der politische Mittelpunkt des Baskenlandes.

Gernica wurde im spanischen Bürgerkrieg von deutschen Fliegerkorps zerstört, Picassos Gemälde „Guernica" erinnert in der Straße Calle Pedro de Elejalde an das Massaker.

Da es hier nur eine teure Jugendherberge gibt, zieht es uns weiter nach Bilbao. Wir schummeln ein weiteres Mal und bewältigen die 33 Kilometer beziehungsweise die 830 Höhenmeter mit der baskischen Bahn, um uns die Einfahrt in die Großstadt – der Ballungsraum Bilbao zählt etwa eine Million Einwohner – zu ersparen.

Von Gernika nach Bilbao empfiehlt es sich, die halbstündlich verkehrende baskische Schmalspurbahn zu nehmen (www.euskotren.es). Fahrräder können mitgenommen werden, allerdings sind weder die Bahnhöfe noch die Bahnen hierfür ausgestattet, man sollte also genügend Zeit und Geduld mitbringen.

Das klappt auch erstaunlich gut, die Fahrräder und der Anhänger passen wie abgemessen in den kleinen Zug, werden kostenlos befördert und teilweise von dem sehr zuvorkommenden Bahnpersonal höchstpersönlich an die richtige Stelle verfrachtet. In Bilbao kann Emilia endlich auch ihr Rad nutzen. Sie radelt durch die Altstadt und an der Uferpromenade der Ria de Bilbao entlang bis zu einem Spielplatz mit Blick auf das Guggenheim-Museum.

Die Großstadt Bilbao (350.000 Einwohner) hat sich in den letzten Jahren vom Industriemoloch zum Touristenmagnet gewandelt. Neben der Altstadt mit den Siete Calles und dem Casco Viejo zieht vor allem das berühmte Guggenheim-Museum Besucher aus aller Welt an. Groß angelegte Infrastrukturmaßnahmen wie die Metroeingänge von Norman Foster oder die kilometerlange, mit Spielplätzen übersäte Flusspromenade geben der einst dahinsiechenden Stadt ein freundliches Gesicht.

Jetzt darf auch Natan mittoben, wobei er sich besonders auf den kleinen Wasserspeier stürzt. Es wird wohl Zeit, dass wir morgen wieder das Meer sehen. Heute sind wir schon zu müde und werden es nicht mehr schaffen, denn das Meer ist noch gut 25 Kilometer entfernt. Emilia macht, als wir weiterfahren, kurz nach dem Guggenheim-Museum schlapp und schläft wie Natan augenblicklich ein. So können wir die 10 Kilometer auf der Ausfallstraße nach Portugalete in Ruhe genießen – es geht immer geradeaus an der Ria entlang durch die industrielle Vergangenheit Bilbaos. Mit der beeindruckenden, über der Ria schwebenden

Hängebrücke erreichen wir schließlich Portugalete, wo wir zielsicher die städtische Herberge anstreben. Weiter wären wir heute nicht gekommen, und auch auf den verbleibenden Metern müssen wir trotz der Laufbänder in den steilen Straßen die letzten Kräfte mobilisieren. Die Stadt muss in Geld schwimmen, denn überall helfen diese genau an die Breite unseres Anhängers angepassten Laufbänder, die sonst fast unüberwindlichen Steigungen zu meistern. Die Herberge ist geräumig, sauber und wird von zwei netten älteren Herren betreut, die die erschöpfte Pilgerbande mit Geschichten und Snacks bei Laune halten. Wegen unserer betrügerischen Bahnfahrt müssen wir uns hier auf eine gänzlich unbekannte Schar von Mitpilgern einstellen. Allerdings treffen wir auch die interessante Isländerin aus Deba wieder, die ohne mit der Wimper zu zucken zugibt, den Bus hierher genommen zu haben. Da stimmt unser Weltbild dann wieder.

Kantabrien

5. Etappe: 28.07.2012
Portugalete – Islares

Hinter Bilbao verläuft der Camino wieder mehr oder weniger entlang der Küste. Einfach zu erreichende Badestrände findet man in La Arena, Castro-Urdiales, Islares, Laredo und Berria. Castro-Urdiales ist ein hübsches Fischerstädtchen, Laredo der größte Badeort Kantabriens mit den üblichen Bausünden.

Dicke Regenwolken hängen wie ein Damoklesschwert über der Stadt, als wir morgens losfahren. Ganz schlecht für unser Karma und den Verlauf des heutigen Tages ist auch, dass wir vergessen haben, unsere Spende („Donativo") für die Übernachtung zu entrichten. Die heutige Etappe sollte endlich einmal etwas für Emilia zu bieten haben, denn auf den ersten 10 Kilometern bis zum Strand von La Arena erwartet uns ein erstklassiger Radweg, der mit Rastplätzen und überlebensgroßen Schildern zu einer Art Fahrradautobahn ausgebaut ist.

Leider verschlafen Emilia und später auch Natan den Start komplett, und bei dem bald einsetzenden Regen treten wir lieber in die Pedale, als Unlustattacken von der Hinterbank zu riskieren. Aus einem frühmorgendlichen Strandbad wäre bei dem Wetter sowieso nichts geworden, zudem ist die kleine Brücke am Ende des Strandes nach Pobeña zusammengebrochen.

Mit Hilfe von provisorischen Muschelschildern und hilfsbereiten Einheimischen gelangen wir trotzdem nach Pobeña und weiter durch einen Eukalyptuswald nach El Kobaron. Wir kommen uns dabei vor wie in einer Hustenbonbonfabrik, so intensiv ist der Eukalyptusduft. Die Kinder sind inzwischen wach, und so machen wir wie der Regen ein kleines Päuschen, nachdem wir den Küstenpfad „Via Verde El Piquillo" erreicht haben. Auf diesem kommt Emilia endlich auf ihre Kosten, denn er verläuft auf einer stillgelegten Bahntrasse entlang der Küste. Sie ist stolz, als sie unseren kleinen Familienzug durch den alten Eisenbahntunnel anführen kann, und wird erst müde, als die Via Verde bei Onton zu Ende ist.

Hier haben wir bereits die Grenze zu Kantabrien überschritten und nehmen die sechs Haarnadelkurven zum Alto de Helguera auf einer Höhe von 250 Metern über dem Meeresspiegel in Angriff. Der Anstieg hat es wirklich in sich. Ich muss so sehr in die Pedale treten, dass mir kurz vor dem Pass ein seltsam bekanntes Eiern des linken Pedals auffällt. Es fühlt sich genauso an wie vor ein paar Tagen am Monte Igeldo. Und tatsächlich, als ich absteige, fällt mir schon das Pedal entgegen. Jetzt ist auch die andere Hälfte des Gewindes hin, eine Weiterfahrt dadurch unmöglich. Dummerweise ist heute Samstag, und ein Blick auf die Uhr verrät, dass wir kaum noch Chancen haben, eine geöffnete Reparaturwerkstatt ausfindig zu machen. Warum habe ich das doofe Ding nach der Ankunft nicht richtig angeschraubt! Und wie konnte ich glauben, dass ich mit einem kaputten Pedal so mir nichts, dir nichts die 800 Kilometer bis Santiago radeln könnte!

Während ich mich über meine Blödheit ärgere und Ania dasselbe denkt, sich aber vornehm zurückhält und mich tapfer bei Schieben anfeuert, können wir uns sogar über die herrliche Aussicht und die Ruhe auf der unbefahrenen Landstraße freuen. Mit hängenden Köpfen machen wir uns an die Abfahrt, die nach ein paar Haarnadelkurven auf die nächste ehemalige Bahntrasse, die Via Verde Traslaviña, führt. Von hier wären es eigentlich noch 8 gemütliche Kilometer stetig bergab zu unserem Etappenziel, dem Hafenstädtchen Castro-Urdiales. Eigentlich. Denn in dem wieder einsetzenden Regen bieten wir ein Bild des Jammers. Ania hat inzwischen den Anhänger mit den immer unruhiger werdenden Kindern übernommen, während ich mein Fahrrad mit heruntergelassenem Sattel zu einem Laufrad umfunktioniert habe. Bald hält ein entgegenkommender Mountainbikefahrer an, um uns besorgt zu fragen, ob wir Hilfe bräuchten. Wir zeigen resigniert auf das unbrauchbare Pedal, woraufhin ihm die Kinnlade herunterfällt. Darauf war er wohl nicht vorbereitet. Ein Blick auf die Uhr scheint aber seinen Ehrgeiz zu wecken. Er dreht um und meint, wir sollen ihm folgen. Ungläubig, aber hastig machen wir uns an die Verfolgung. Ich versuche, so schnell ich kann auf meiner neuen Draisine vorwärts zu kommen und muss dabei urkomisch aussehen. Bei den flacheren Passagen schnappt sich der Mountainbikefahrer meinen Ärmel und zieht mich hinter sich her, so dass wir trotz der widrigen Umstände auf eine ordentliche Geschwindigkeit kommen. Ania kann kaum das Tempo halten, sie hat jetzt nicht nur den Hauptteil des Gepäcks, sondern eben auch die Kinder zu ziehen. Der Mountainbikefahrer telefoniert derweil nach Castro-Urdiales und schafft es zu unserer großen Freude, die einzige Fahrradwerkstatt am Ort zu einer verlängerten Öffnungszeit zu überreden. Zehn Minuten nach Ladenschluss um 14 Uhr erreichen wir fünf verschwitzt und völlig außer Atem das Ziel unserer Träume, die Fahrradwerkstatt.

Unser Helfer in der Not meint dann lapidar, er wolle jetzt gern seine Tour fortsetzen, und ist kurz darauf verschwunden, ohne dass wir uns bei ihm gebührend hätten bedanken können. Ich schaffe es gerade noch, seinen Namen, Luis, in Erfahrung zu bringen. Diese Hilfsbereitschaft ist einfach unglaublich.

Der Werkstattbesitzer schaut grimmig drein, als ich ihm schuldbewusst mein Fahrrad zeige. Dann macht er sich wieselflink an die Arbeit und sucht nach dem passenden Ersatzteil. Die Tatsache, dass es sich um das linke Pedal eines Faltrades handelt, macht die Suche sicherlich nicht leichter. Nacheinander kramt er alle ihm in seinem kleinen Laden zur Verfügung stehenden Tretkurbeln heraus und testet die Erfolg versprechenden unter ihnen. Aber kein Teil will passen. Seine Familie – seine Frau sowie Sohn und Tochter, beide in der Pubertät – schaut nach einer

Stunde schon etwas mitgenommen aus. Da scheint dem Besitzer die zündende Idee gekommen zu sein. Er rennt wie von der Tarantel gestochen aus dem Laden und kommt eine Viertelstunde später tatsächlich mit dem passenden Teil zurück. Ob er dafür alle Räder an der Strandpromenade von Castro-Urdiales auseinandergenommen hat, entzieht sich unserer Kenntnis. Wir sind einfach glücklich, dass wir dank dieser unglaublich freundlichen Menschen unsere Fahrt fortsetzen können.

Das müssen wir dann auch, denn inzwischen ist die kleine Herberge von Castro-Urdiales nach der Ankunft mehrerer Pilgergruppen völlig überlaufen. Immerhin gelingt es mir, Schlafplätze für uns und Sheela, eine freche Amerikanerin indischer Abstimmung, in der 6 Kilometer entfernten Herberge von Islares zu reservieren. Eigentlich eine Fahrt von 20 Minuten, aber am heutigen Tag der Katastrophen läuft eben nichts wie erwartet. Natan hat sich nämlich für dieses letzte Teilstück des Tages eine besonders laute Form des Protests ausgedacht und lässt sich weder durch Kekse noch durch andere Bestechungsversuche davon abbringen, bei jedem Fahrversuch panisch loszuschreien. Er hat einfach genug, er will nicht mehr, er will jetzt sofort eine Herberge, mit uns spielen und ein ordentliches Abendessen. Und er hat recht. Das nützt aber leider weder ihm noch uns etwas. Nach mehreren vergeblichen Versuchen befreien wir ihn schließlich aus dem Anhänger und tragen ihn in der Manduka-Trage weiter, was ihm sichtlich besser gefällt.

Die Nationalstraße N-634, auf der wir uns befinden, ist sicherlich der letzte Ort für einen gemütlichen Abendspaziergang, aber das ist uns jetzt auch egal. Immerhin hat die Straße einen breiten Seitenstreifen und ist dank der parallel verlaufenden Autobahn wenig befahren. Als wir um 17 Uhr nach über einer Stunde Schiebemarsch endlich die Herberge erreichen, sind Natan und Emilia bereits eingeschlafen. Die Herberge besteht aus zwei winzigen Zimmern mit je vier dreistöckigen Etagenbetten und wird von einem netten jungen Hospitalero geführt, der allerdings die Hingabe der bisherigen Hospitaleros etwas vermissen lässt. Völlig fertig und verstört verrichten wir unser tägliches Programm – auspacken, duschen, Wäsche waschen –, bis die Kinder wieder wach sind und mit uns spielen wollen. Sie drehen jetzt richtig auf und turnen den kleinen Spielplatz vor der Herberge rauf und runter. Nur mit Mühe können wir zwischendurch unser deftiges Abendessen verputzen. Der Versuch, die Kinder mittels Strandspaziergang wieder müde zu machen, um sie dann irgendwann ins Bett zu kriegen, geht völlig nach hinten los. Ania und ich gehen jetzt völlig auf dem Zahnfleisch, während Natan und Emilia den Hype ums Schlafengehen überhaupt nicht verstehen. Ania hat da mit Natan trotz plastiktütenraschelnder und stirnlampenleuchtender Mitpilger noch vergleichsweise leichtes Spiel. Nach der fünften Gutenachtgeschichte ohne die geringsten Anzeichen von Müdigkeit verlege ich aus Rücksicht auf die anderen Pilger Emilias Einschlafprozedur in die Küche. Dort können wir zwischen Geschichte Nummer acht und neun immerhin beobachten, wie die Polizei gegen Mitternacht die alkoholisierte Dorfjugend vom Spielplatz vor der Herberge vertreibt. Ein gelungener Abschluss für diesen Katastrophentag.

6. Etappe: 29.07.2012 Islares – Santoña

Natürlich sind wir nach der gestrigen Tortur die Allerletzten, als wir um 9.30 Uhr die Herberge verlassen. Natan erinnert sich sehr genau daran, dass ihm das Sitzen im Anhänger überhaupt nicht mehr gefällt, und verlangsamt unsere Fahrt, die wir zunächst auf der N-634 fortsetzen, deutlich. Nach einer ausgiebigen Pause zwischen Leitplanke und Abgrund schläft Natan ein und unserer Weiterfahrt steht nichts mehr im Wege. Im Touristenort Laredo führt dann eine schöne Promenade 5 Kilometer am Strand entlang bis zum Fähranleger nach Santoña, wo wir die kommende Nacht verbringen wollen.

Die Jugendherberge in Santoña liegt am Rande des Naturschutzgebietes Parque Natural de las Marismas de Santoña und bietet allerlei Outdooraktivitäten wie Klettern, Kanufahren oder Segeln (www.alberguedesantona.com).

Die Fähre ist allerdings ein kleines, umgebautes Fischerboot, das unserer Meinung nach kaum Platz zum Sitzen, geschweige denn für einen Fahrradtransport bietet. Der Kapitän lacht kurz auf und meint, wir sollen ruhig aufladen. Mit beiden Beinen bis zu den Knien im Wasser wuchte ich mit der Hilfe anderer Passagiere den Anhänger und die voll beladenen Fahrräder aufs Boot, wo sich tatsächlich noch ein Platz dafür findet. Emilia radelt nach der Überfahrt und einer langen Karussellrunde – sie hatte das Gefährt schon von der Fähre aus fest im Blick – die letzten 1,5 Kilometer bis zur Jugendherberge von Santoña. Die teilen wir uns mit einer wilden Horde Grundschulkinder in Ferienfreizeit, aber auch mit alten Bekannten aus Islares: Gosia und Tomasz, einem netten polnischen Pärchen, sowie zwei Engländern mit ziemlich ramponierten Füßen. Und Sheela: Sie läuft den Camino die meiste Zeit in Badelatschen und hat eine unglaublich positive Ausstrahlung, die sofort auf die anderen müden Pilger abfärbt. Egal wie fertig oder schlecht gelaunt man ihr begegnet, nach spätestens drei Sätzen ist man, ohne es zu merken, am Lachen und macht Faxen. Das ist heute nicht anders, auch wenn Sheela davon berichtet, dass sie gerade an ihrem persönlichen Tiefpunkt angekommen ist und in Laredo schon gar nicht mehr weiterwollte. Bis Gosia und Tomasz sie wieder aufmuntern und sie mit in die Herberge schleppen konnten. Wir könnten uns sicher stundenlang mit ihr unterhalten, wären da nicht die Kids, die ganz andere Bedürfnisse als den fremdsprachigen Austausch von Pilgererfahrungen in den Vordergrund stellen. Meistens kann sich deshalb nur einer von uns der Konversation widmen. Also wechseln wir uns ab und fügen später die Gesprächsfetzen zu einem großen Ganzen zusammen. Jetzt hat Sheela jedenfalls das letzte freie Bett in unserem kleinen Sechserzimmer erobert, während Gosia und Tomasz und ein Haufen anderer Pilger in einem kalten, muffeligen Armeezelt schlafen müssen. Es geht also immer noch schlimmer.

7. Etappe: 30.07.2012
Santoña – Güemes

In der Jugendherberge ist auch ein spartanisches Frühstück im Preis enthalten, und so schaffen wir es erst gegen 10 Uhr, uns auf den Weg zu machen. Emilia ist da schon hellwach und hochmotiviert, was man von Natan nicht behaupten kann. Bereits nach wenigen Minuten im Anhänger schreit er sich herzzerreißend die Lunge aus dem kleinen Leib. Das folgende Stop and Go entspricht glücklicherweise genau Emilias Geschwindigkeit auf dem Fahrrad. Nach 3 Kilometern können wir nicht weiter und müssen eine Pause am wunderschönen Strand von Berria einlegen.

Natan ist wie verwandelt und krabbelt fröhlich wie eine Wasserratte den Strand auf und ab. Als er sich nach einer Stunde müde gekrabbelt hat und sich in den Schlaf tragen lässt, kann es endlich weitergehen. Ohne Pause fahren wir einem der Höhepunkte des Camino entgegen, der Herberge in Güemes.

Das schönste Herbergserlebnis des Camino erwartet einen im unscheinbaren Örtchen Güemes. Dort hat Padre Ernesto aus dem Haus seiner Großeltern mit Hilfe von Freiwilligen mit der Herberge „La Cabaña del Abuelo Peuto" ein Paradies für erschöpfte Pilger geschaffen (www.alberguedeguemes.com). Die liebevoll gestalteten Zimmer und Bungalows warten mit inzwischen gänzlich unbekanntem Komfort auf. Dazu wird mittags und abends für die ganze Pilgerschar reich und lecker gekocht. Und auch Padre Ernesto selbst, der abends üblicherweise einen kleinen Vortrag hält, ist natürlich ein Erlebnis.

Die erste Frage bei unserer Ankunft lautet denn auch nicht wie üblich: „Macht ihr den Camino mit Kindern?", sondern: „Wollt ihr etwas essen?", und nach unserem hungrigen Kopfnicken bekommen wir sogleich ein reiches Pilgermenü aufgetischt. Am Tisch sitzt bereits eine kleine, satte Pilgergemeinde, die sich zufrieden zum üblichen Pilgerplausch zurücklehnt. Die Freiwilligen haben sich wohl schon an den ganzen Pilgerwahnsinn, der sich hier verläuft, gewöhnt und lassen es eher routiniert angehen. Nach dem Essen weist uns der diensthabende Hospitalero einen nagelneuen, blitzsauberen Bungalow mit Doppelbett und Bad zu, und das Pilgerglück ist perfekt. Die Schlafsäle im Hauptgebäude der Herberge sind zwar ebenfalls geräumig und liebevoll eingerichtet, aber mit unserem

Kinderbonus haben wir uns hier die Luxussuite erschlichen. Nachdem auch noch eine Waschmaschine einen Teil unserer täglichen Routine übernommen hat – duschen müssen wir leider immer noch selbst –, geben wir uns im weitläufigen Garten vollständig dem Müßiggang hin. Inzwischen treffen immer mehr Pilger ein, darunter auch Gosia und Tomasz und andere alte Bekannte. Sheela macht nur kurz Halt, sie ist nach dem gestrigen Tief wieder obenauf und will trotz der hier gebotenen paradiesischen Zustände noch bis Santander kommen.

Gegen Abend taucht dann auch Padre Ernesto auf. Mit seinen weißen Haaren und dem Rauschebart muss man ihn einfach erlebt haben. Auch wenn er kaum einmal lächelt, was zu Beginn doch etwas befremdlich wirkt, spürt man doch eine große Offenheit und Güte, wie man es von einem Weihnachtsmann seiner Statur erwarten würde. Schade, dass sich unser Spanisch auf einem so niedrigen Niveau bewegt, wir hätten uns gern ausführlicher mit ihm unterhalten. Aber in seinem einstündigen Vortrag, dem etwa 70 Menschen lauschen, verrät er auch so viel von seiner Lebensphilosophie. Von der Geschichte der Herberge, von den Umweltsünden in der Region, insbesondere den zerstörerischen Eukalyptus-Monokulturen, vom Pilgern an sich und auf allen Kontinenten, um mit den Worten: „Der Camino del Norte ist für intelligente und kreative Menschen" (*„El camino del Norte es para gente inteligente y creativa")* zu enden. Bei einem so ausgedehnten Rundumschlag zieht sich der Vortrag dann doch gehörig in die Länge, und nach einer Weile hören wir einige Mägen knurren. Abendessen soll es direkt im Anschluss geben. Natan sabotiert den Vortrag so gut es geht und krabbelt immer wieder mit Freudengeschrei kreuz und quer durch den Saal. Wir bekommen trotzdem etwas von dem leckeren Abendessen ab und schwelgen mit vollen Bäuchen unserer Luxussuite entgegen, wo wir noch besser und tiefer schlafen als sonst.

8. Etappe: 31.07.2012 Güemes – Saron

Nach dem Paradies in Güemes geht es heute auf die Arche Noah bei Obregon. Dort gibt es den Parque de la Naturaleza de Cabarceno, wo die wilden Tiere in einem weitläufigen ehemaligen Bergbaugebiet viel Platz zum Toben haben. Der Park liegt zwar nicht direkt am Jakobsweg, der Umweg ist aber vertretbar. Außerdem führt er um Santander herum – auf hektische Großstädte ist uns nach der Beschaulichkeit des bisherigen Weges nämlich die Lust vergangen. Bis zum Fähranleger in Somo, wo sich Jakobsweg und unsere Variante trennen, kommt Emilia noch einmal auf ihre Kosten. Während Natan wieder döst, fährt sie stolze 4 Kilometer auf dem Radweg neben der viel befahrenen Provinzstraße CA-141.

Nachdem wir Somo passiert haben, gibt es leider keinen Radweg mehr, und so werden wir auf der engen Straße von dem vorbeisausenden Verkehr ziemlich durchgeschüttelt. Nach ein paar Kilometern haben wir genug

In Somo legt eine Fähre nach Santander ab, das neben den üblichen Annehmlichkeiten einer Großstadt auch herrliche Sandstrände zu bieten hat. Wer sich allerdings dem Trubel der Großstadt entziehen möchte, kann die Hauptstadt Kantabriens auch ganz meiden. In Astillero, am südlichen Ende der Bucht von Santander, beginnt der Bahntrassenradweg „Vía Verde del Pas" nach Ontaneda (www.bahntrassenradeln.de, www.viasverdes.com). Bis zum Dörfchen Pomaluengo kann man auf diesem gut asphaltierte und (bis auf kurze Teilstücke) autofreie 20 Kilometer genießen. Danach muss man sich allerdings durch die Industriestadt Torrelavega zurück zum Jakobsweg durchschlagen. Wenn man entscheidet, auf diesem Wege Santander zu umfahren, sollte man unbedingt dem Tierpark in Cabarceno einen Besuch abstatten. Dieser zeigt auf einem 750 Hektar großen ehemaligen Bergbauareal eine Vielzahl von Tieren in einer (fast) natürlichen Umgebung (www.parquecabarceno.es).

und wählen die ruhigere Abkürzung über einen Hügel. Als der schweißtreibende Anstieg geschafft ist, haben wir Kontakt mit einem Rudel junger, dynamischer Hunde, die uns wenig freundlich zu verstehen geben, dass wir uns in ihr Revier verfahren hätten. Uns gelingt unversehrt die Flucht, und nachdem wir in der Dorfbar erfahren haben, dass wir tatsächlich falsch abgebogen sind, muss ich Ania hoch und heilig versprechen, das nächste Mal früher zu fragen. Sie muss aber auch zugeben, dass ich bislang durchaus als GPS-Gerät tauge und es tatsächlich das erste Mal ist, dass wir uns verfahren haben.

Der Rest der Tagesetappe verläuft Richtung Astillero komplikationslos auf der ehemaligen Bahntrasse, und so sind wir nach 32 Kilometern gegen 14 Uhr am Tierpark. Hier beginnt also der gemütliche Teil. Dachte ich. Die freundliche Frau an der Information meint auch, dass der Besuch per Fahrrad kein Problem sei. Das Gelände sei nur etwas steil, besonders am Anfang. Und die Wege im Park immerhin 50 Kilometer lang. Jedenfalls interpretiere ich ihren Redeschwall so. Ania springt mir daraufhin erst einmal an die Gurgel. Was ich mir da wieder ausgedacht hätte, nach der anstrengenden Tagesetappe auch noch einen Zoomarathon einzuplanen. 50 Kilometer! Ob ich nicht lesen könne, das mit den 50 Kilometern müsse doch irgendwo gestanden haben. Vorher! Dann hätte sie sich gar nicht darauf eingelassen. Oder ein Auto gemietet. Wir sind tatsächlich weit und breit die einzigen nicht motorisierten Parkbesucher. Mit dem Argument, dass es jetzt sowieso zu spät sei und wir den horrenden Eintrittspreis von 21,50 Euro pro Person schon bezahlt hätten, lotse ich Frau und Kinder, um die Wogen zu glätten, erst einmal zur nahe gelegenen Seehundeshow. Aus der trügerischen Ruhe während der spektakulären Darbietung wird aber kurz darauf ein neuer Sturm wüster Verwünschungen, als wir unsere Fahrräder samt Gepäck und Kindern unter der glühenden Mittagssonne eine fast senkrechte Steigung zum eigentlichen Park hochschieben müssen. Das Parkgelände wird nach dem ersten Anstieg auch nicht flacher, wie es die Informationsdame meiner Meinung nach angekündigt hatte, sondern es wechseln sich jetzt extreme Anstiege mit ebenso extremen Abfahrten ab.

Ein Verkehrsschild verkündet dann auch eine schlappe Steigung von 27 Prozent, die gefühlt nicht einmal die steilste Passage des Parks ist. Die Tiere haben tatsächlich viel Platz und sind meist nur durch ein Fernglas näher zu betrachten. Während wir völlig entnervt von Tigern zu Bären zu Giraffen zu Elefanten strampeln, genießen Natan und Emilia die gebotene Zerstreuung. Besonders Emilia feuert uns mit „Schneller, schneller, Propeller"-Rufen und der Forderung nach Löwen, Wölfen und Nilpferden mächtig an. Wir unternehmen mehrere Anläufe, sie auch ein paar Meter fahren zu lassen, aber Teilstücke mit weniger als 10 Prozent Gefälle sind die absolute Ausnahme. Gegen 18 Uhr haben wir alle relevanten Ecken und Tierarten des Parks auf unserer Liste abgehakt und sind dabei laut Tacho gerade einmal 8 Kilometer vorangekommen, auch wenn es sich anfühlt wie 50. Bei der Bemerkung, 8 und 50 könne man doch schon mal verwechseln, fange ich eine weitere virtuelle Kopfnuss von Ania ein. Die Kids sind auch geschafft, und so gehen wir die letzten 6 Kilometer nach Saron an, wo ich gestern am Telefon mühsam eine Reservierung in einer kleinen Pension zusammengestammelt habe.

Zu meiner Überraschung wartet in der Pension

La Sierra tatsächlich ein Doppelzimmer auf uns. Der Besitzer zeigt uns überfreundlich das Zimmer und hilft uns, dort auch die Fahrräder und den Anhänger zu verstauen. Vor dem Haus oder im Hausflur können wir sie nicht lassen, seinen Nachbarn traut er nämlich nicht. Tatsächlich sieht das Städtchen etwas heruntergekommen aus. Es kann aber immerhin mit einem großen Spielplatz und einem Frischmilchautomaten aufwarten, den wir auf einer letzten Runde ausgiebig nutzen, bevor wir alle vier todmüde ins Bett fallen.

9. Etappe: 01.08.2012
Saron – Queveda

Wir setzen unsere Fahrt auf der Via Verde fort und kommen nach Emilias obligatorischen 2 Kilometern flott voran. Den Camino werden wir erst am Ende der Etappe vor Santillana del Mar wieder treffen, und so müssen wir uns heute auf meine Aufzeichnungen verlassen. Als ich doch kleine Unsicherheiten zeige und auf Anias Geheiß einen Passanten mit Hund frage, wie wir den Ort Castañeda erreichen, zeigt er nur auf das riesige Schild hinter uns. Da steht laut und deutlich: „Ayuntamento de Castañeda“ – wir befinden uns also direkt vor dem Rathaus des gesuchten Städtchens, was mich und meine Frage ziemlich lächerlich wirken lässt. Es ist also nicht immer von Vorteil, meine typisch männliche Fragescheu zu überwinden, bemerke ich hämisch und grinse in Anias Richtung. Ihr wird wohl klar, dass ihre mühsame Erziehung in dieser Beziehung gerade um Jahre zurückgeworfen worden ist. Ohne zu klagen hält sie hinter mir weiter Kurs, überholt mich dann aber spielend am ersten ernsthaften Anstieg des heutigen Tages.

Gerade als ich zum Gegenangriff ansetzen will, verspüre ich ein schmerzhaftes Ziehen in der Brust. Es strahlt zum Kiefer und zum linken Arm aus und wird mit der Zeit immer heftiger. Mir kommt dabei nur ein Gedanke: Herzinfarkt. Aber ich bin doch noch so jung! Die Symptome sind eindeutig. So muss es sich anfühlen, wenn sich die Pumpe verabschiedet. Ich versuche Ruhe zu bewahren und fühle erst mal meinen Puls. Schnell, sehr schnell muss ich feststellen, es sind mehr als 120 Schläge pro Minute. Eigentlich kein Wunder bei der zehnprozentigen Steigung, aber im Zusammenhang mit dem typischen Brustschmerz höchst beunruhigend. Ania ist schon ein gutes Stück weiter hinaufgekommen, und ich überlege, ob sie es gleich merken wird, wenn ich tot vom Rad falle. Ich versuche mein Tempo zu verschärfen, damit sie wenigstens in der Lage ist zu verhindern, dass der Anhänger mitsamt den Kindern den Abhang hinunterstürzt. Jetzt bleibt mir auch langsam die Luft weg. Atemnot. Das hat noch gefehlt in der Symptomsammlung. Ich versuche meine Atmung zu vertiefen, aber bei dem Engegefühl in der Brust komme ich damit nicht weit. Mir wird klar, dass die geforderten 90 Minuten bis zum Herzkatheter in dieser Pampa wohl nicht einzuhalten sind, also lasse ich mein Handy wieder in der Hosentasche verschwinden. Es hat keinen Sinn, es ist zu spät. Mir fällt Hape Kerkelings Erwähnung überfüllter Pilgerfriedhöfe ein, und ich zähle mich irgendwie schon zu der dortigen Kundschaft. Aber wenn es kein Herzinfarkt ist? Nur eine blöde Muskelverspannung? Die lachen sich ja kaputt, die spanischen Sanitäter. Knapp über 30 Jahre, keine Risikofaktoren, ein leichtes Ziehen beim Bergradeln. Selbst wenn es hier ein Herzkatheterlabor in der Nähe gäbe, würden die mich bestimmt zuerst in der Psychiatrie absetzen. Herzinfarkt, lächerlich! Ich beschließe also, meine letzten Minuten in stoischer Ruhe diesen verdammten Berg hochzuradeln und auch Ania gegenüber mein vermutlich nahes Ende nicht zu erwähnen. Ich bedaure, ihr nicht viel öfter und deutlicher gesagt zu haben, wie sehr ich sie liebe und was für eine großartige Frau sie ist. Mir kommen Abschiedsvideos von Krebskranken in den Sinn, die ihren Lieben ihre Liebe beteuern und sie auf die Zeit nach dem Ende vorbereiten – meine Augen sind dabei schon etwas verwässert. Ich hätte Emilia und Natan noch so viel zu sagen, ihnen so viele Dinge beizubringen. Aber einen solchen Film hätte ich früher drehen müssen. Jetzt falle ich gleich vom Fahrrad, und dann ist es zu spät.

Inzwischen ist Ania am Gipfel angekommen und legt ein kleines Päuschen ein. Ich strample atemberaubend langsam die letzten 100 Meter nach oben, mein Herz macht das in einer letzten heldenhaften Anstrengung noch mit. „Alles in Ordnung?", fragt Ania. „Ja, ja", antworte ich knapp. Aber da ist sie schon wieder auf den Sattel gesprungen. „Schnell, bevor Natan aufwacht!", treibt sie mich an. Sie hat ja recht, ich könnte wenigstens noch die Kinder bis zur nächsten Stadt bringen, bevor ich den Abgang mache. Still folge ich ihr und harre der Dinge, die da kommen. Aber es kommt nichts. Wir fahren und fahren, doch es tut sich nichts. Der Brustschmerz ist immer noch da, aber aushaltbar, fast angenehm. Ich bekomme besser Luft und mein Puls schlägt deutlich langsamer, seit es nicht mehr bergauf geht. Kilometer um Kilometer arbeiten wir uns an Torrelavega heran, eine kleine Industriestadt, die wir für unsere Mittagspause auserkoren haben. Wir finden auch einen schönen Spielplatz, wo ich mich erst einmal auf eine Bank plumpsen lasse und die Betreuung der jetzt äußerst energiegeladenen Kinder Ania überlasse. Ich ziehe ein langfristiges Überleben in Betracht und bewahre weiterhin Ruhe, lasse nichts von den inneren Vorgängen nach außen dringen. Vielleicht lässt sich das Ganze ja auch einfach ignorieren, und in ein paar Jahren sehe ich dann im EKG Zeichen eines abgelaufenen Herzinfarktes. Mit dieser Version kann ich gut leben und lasse mich nach dem üblichen Baguette-mit-Tomaten-und-Brie-Mittagessen auf die Weiterfahrt ein.

Natan torpediert diese heftig, nachdem sein Kekshunger gestillt ist, kann aber auch nicht verhindern, dass wir den Palacio de Peredo erreichen, wo ein Dinosaurierpark eingerichtet sein soll. Unglücklicherweise habe ich das Emilia gegenüber als Lockmittel erwähnt. Trotz ausgiebiger Suche lässt sich hier jedoch weit und breit kein Urzeitvieh ausmachen. Wir haben also wenigstens alle zusammen schlechte Laune. Natan will nicht mehr im Anhänger sitzen, Emilia will sofort Dinosaurier sehen, Ania ist müde und genervt von dem Krakeelen auf den billigen Plätzen, und mir bereitet mein nun nicht mehr so drohendes Ende weiterhin Sorgen. Immerhin befinden wir uns jetzt wieder auf dem Jakobsweg und freuen uns riesig über den Anblick rucksackbeladener Wanderer und gelber Pfeile. Dennoch gleicht unser kleiner Tross auf den verbleibenden 5 Kilometern emotional einem hochexplosiven Gefahrguttransporter.

Da Natan sich nicht wieder in den Anhänger zurückbewegen lässt, nehme ich ihn trotz der latenten Gefahr, jederzeit aufgrund von Herzschwäche umzufallen, in die Trage und spaziere mit ihm die in der Nachmittagssonne glühende Landstraße entlang. Diese wird gerade erneuert und um schlappe 2 bis 3 Meter verbreitert. Kurz nachdem Natan endlich eingeschlafen ist und sich widerstandslos in den Anhänger verfrachten lässt, erreichen wir den Teil der Straßenbaustelle, wo der Asphaltbelag der Landstraße komplett erneuert wird. Die Fahrt auf der staubigen Schotterpiste geht uns durch Mark und Bein und will einfach kein Ende nehmen. Hier stimme ich Ania voll und ganz zu, die immer behauptet, der letzte Kilometer wäre der schlimmste. Sogar mein Thoraxschmerz nimmt bei dieser Zitterpartie wieder deutlich zu.

Gegen 14.30 Uhr erreichen wir endlich die Albergue Arco Isis, eine herrlich gelegene Privatherberge, die von einer geschäftstüchtigen Matriarchin mit strenger Hand geführt wird. Ruhe. Nichtstun. Zehn Minuten lang. Dann wacht Natan auf und die Señora möchte endlich den Obolus für Übernachtung und Abendessen erhalten. Das Gepäck möchte ins Zimmer getragen, die Wäsche gewaschen werden. Wir lassen uns aber weder davon noch von dem überall gegenwärtigen Landduft, der seine höchste Intensität in unserem Zimmer zu haben scheint, aus dem Gleichgewicht bringen. Auch die lustige Idee, im Unisexbad zugunsten hygienisch fragwürdiger Vorhänge gänzlich auf Türen zu verzichten, ringt uns nicht mehr als ein müdes Lächeln ab. Wir sind angekommen, und das zählt. Noch dazu sind die Kids wohlauf und glücklich. Die Herbergsfamilie hat gerade Besuch vom kleinen Adrian, der hier, wie es sich für einen erstgeborenen Enkel gehört, einen Privatspielplatz mit Schaukel, Trampolin, Sandkasten und Planschbecken sein Eigen nennt. Emilia und Natan werden von seinen Eltern zum Mitspielen eingeladen und vergnügen sich stundenlang mit fremdem Spielzeug. Gegen Abend unternehmen Adrian und Emilia sogar ein paar zaghafte Kommunikationsversuche beim Trampolinspringen. Emilia wird Adrian daraufhin noch tagelang vermissen, denn Spielgefährten sind auf dem Jakobsweg wirklich Mangelware.

Nach dem leckeren Abendessen, bei dem Emilia und Natan mal wieder mein komplettes Fleischgericht verschlingen, geht der erlebnisreiche Tag gemütlich zu Ende. Ich werde wohl die ersten 24 Stunden meines Herzinfarktes überstehen und habe damit eine gute Prognose.

10. Etappe: 02.08.2012
Queveda – Comillas

Die Nacht war kurz und ungemütlich. Natan hat sich die Seuche eingefangen und mich gegen 2 Uhr schreiend vollgekotzt. Vielleicht war er auch gestern insgesamt betrachtet zu lange draußen und hat sich einen Sonnenstich geholt. Zum Glück macht das Fieber schläfrig, sonst wäre es ganz aus gewesen mit der Nachtruhe. Sogar Ania, die unter Natans wilden nächtlichen Wendemanövern am meisten leiden muss, kam noch auf eine halbwegs akzeptable Schlafdauer. Heute Morgen ist Natan richtig knatschig und hat auf nichts richtig Lust. Die Sonne versteckt sich erst einmal hinter dicken Regenwolken, so dass die Gefahr, dass wir die Kinder ein weiteres Mal im Anhänger kochen, gebannt ist. Was meine Brustschmerzen angeht, habe ich offensichtlich überlebt und lasse die Diagnose „Herzinfarkt" endgültig fallen. Die Schmerzen sind in die linke Schulter weitergezogen und ergeben da auch eher einen Sinn. Durch das angestrengte Schieben im Tierpark habe ich die Muskulatur wohl etwas überreizt. Wir beschließen also, einfach loszufahren und erst einmal Santillana del Mar und die berühmten Höhlenmalereien von Altamira zu besichtigen.

Emilia und sogar Natan sind hin und weg bei den vielen bunten Tierbildern und dem interaktiven Museum. Bis 12 Uhr verbummeln wir die Zeit mit Kultur, bis es endlich an die Kilometer geht. Natan schläft sofort und tief, so dass wir die heutige Strecke richtig genießen können. Die führt auf kleinen Sträßchen im üblichen Bergauf-Bergab durch die malerischen Landschaften um das Zitronendörfchen Cigüenza. Da Natan, völlig geschafft von seiner Seuche, überlang schläft, lassen wir uns die Übernachtung im Kloster von Cobreces entgehen. Stattdessen übernachten wir in Comillas, wo ein ehemaliges Gefängnis hübsch als Herberge hergerichtet wurde. Nach einer kleinen Runde durch die Stadt, der Gaudi eines seiner Frühwerke hinterlassen hat, geht der Tag unspektakulär hinter Gittern zu Ende.

Das hübsche Städtchen Santillana del Mar lädt zu Entdeckungstouren in seinen mittelalterlichen Gassen rund um die imposante Stiftskirche Santa Maria ein. Darüber hinaus verfügt es auch über einen kleinen Zoo sowie die Weltkulturerbestätte Cueva de Altamira. Die etwa 270 Meter lange Höhle war von 20000 bis 12000 v. Chr. bewohnt und enthält eine Vielzahl prähistorischer Wandmalereien. Die Höhle wurde 1886 entdeckt, steht aber seit 1979 nur noch Wissenschaftlern offen, da die Malereien durch die Besuchermassen großen Schaden genommen haben. Um dennoch die Bedeutung der Höhle zu würdigen und die darin enthaltenen Kunstwerke der Öffentlichkeit zugänglich zu machen, wurde auf dem Gelände ein didaktisch hervorragendes Museum errichtet, für das der eindrucksvolle Eingangsbereich der Höhle originalgetreu aus Pappmaché wieder aufgebaut wurde.

11. Etappe: 03.08.2012
Comillas – Colombres

Nach der gestrigen Pause strahlt die Sonne wieder und taucht die Küstenlandschaft in herrliche Farben. Bis kurz vor San Vicente de la Barquera machen die Kinder gut mit, dann aber müssen wir eine lange Pause auf dem Spielplatz einlegen. Danach beginnt die richtige Bergetappe bis zum idyllischen Dorf Serdio. Dort treffen wir eine extrovertierte Amerikanerin wieder, die in Güemes an unserem Tisch saß. Sie ist völlig hin und weg von Padre Ernesto und will auf seine Empfehlung hin unbedingt in den Picos de Europa bergwandern. Uns persönlich ist die Fähigkeit Padre Ernestos, Leute zu begeistern, leider nicht gegeben. Wir fragen uns, was uns aufgrund unserer fehlenden Sprachkenntnisse noch alles entgeht. Aber es bestätigt sich einmal mehr, dass jeder seinen eigenen Camino geht und ihn völlig anders wahrnimmt als andere.

Nach einer herrlichen Abfahrt zum Rio Nansa führt der Camino endlich wieder einmal an die N-634 heran. Wir haben die Nationalstraße schon fast vermisst. Bei Unquera passieren wir die Grenze zum Fürstentum Asturien und machen uns bereit für den letzten Anstieg des Tages nach Colombres. Das heißt, ich mache mich bereit, Ania hatte sich gerade auf eine weitere Verschnaufpause eingestellt. Als sie nicht richtig mitziehen will, fauche ich sie an, sie solle sich nicht so anstellen. Schließlich wären es nur noch 1,5 Kilometer bis zum Ziel. Die 150 Höhenmeter verschweige ich erst einmal. Ania hat jetzt aber gar kein Verständnis für ein derart ignorantes Männlichkeitsgehabe, sie ist einfach fertig, hat Hunger und Kopfschmerzen und bräuchte dringend eine Pause. Aber dafür ist sie jetzt auch zu stolz. Nach kurzem, ergebnislosem Disput fahren wir betreten schweigend den nicht enden wollenden Berg hinauf.

Als wir endlich oben in Colombres sind und zunächst keine der beiden im Pilgerführer erwähnten Herbergen finden können, wird es noch einmal richtig laut zwischen uns. Schon da fällt mir eine junge Frau am Straßenrand auf, die eher in ein linksalternatives Wohnprojekt passen würde als in dieses aufgehübschte Touristenörtchen. Sie hätte uns bei der Herbergssuche sicherlich helfen können, denn kurze Zeit später treffen wir sie als Bettnachbarin in der luxuriöseren der beiden Herbergen wieder. Ich an ihrer Stelle hätte mich aber genauso aus der Schusslinie herausgehalten. Francesca, so heißt die junge Italienerin, ernährt sich vegan und durchlebt auf diese Weise die Höhen und Tiefen der spanischen Küche und ihrer Philosophie.

Während Ania ihre Batterien bei einem ausgedehnten Mittagsschlaf auflädt, packe ich die Kinder und schleppe sie bei den hochsommerlichen Temperaturen ins kommunale Schwimmbad. Dort testen Emilia und Natan wieder einmal meine Belastbarkeit, indem sie Hase und Igel mit mir spielen. Es gelingt mir, die meisten Katastrophen abzuwenden, allerdings kann ich nicht verhindern, dass Emilia noch vor dem ersten Wasserkontakt übel ausrutscht, dabei auf den Hinterkopf knallt und sich Knie und Ellbogen aufschürft. Wir machen daraufhin sofort kehrt und ziehen das obligatorische Eis vor. Emilia ist hart im Nehmen und rappelt sich bald wieder auf. Nur das Schwimmbecken ignoriert sie jetzt völlig, während Natan die Situation für diverse erfolglose Fluchtversuche Richtung Wasser nutzt. Letztlich verbringen wir dann die meiste Zeit auf der Wiese und hätten uns eigentlich die 3 Euro Eintritt sparen können. Kinder sind doch so schwer oder so leicht glücklich zu machen. Je nach Blickwinkel.

Ania hat bei unserer Rückkehr deutlich bessere Laune und sogar schon den Einkauf erledigt. Entspannt schlendern wir eine Runde durch den Ort, der aufgrund der zahlreichen Villen reicher Auswanderer schön anzusehen ist. Zum Abschluss des Tages lassen wir uns in der Spelunke „Bar Europa" zu einem Pilgermenü nieder. Dort kostet der leckere Pommes-Fleisch-und-Salat-Teller nur schlappe 6,50 Euro, wofür man aber den sturzbesoffenen Kellner und seine aufdringlichen Scherze ertragen muss. Natan hat nach seiner gestrigen Schlaforgie wohl etwas nachzuholen und wird gegen 1 Uhr nochmals richtig wach. Da ich den Mädels keine weiteren Unannehmlichkeiten zumuten will, machen Natan und ich noch einen Herrenspaziergang übers Herbergsgelände. Zum Glück ist trotz des Dorffestes um diese Uhrzeit kaum jemand unterwegs, denn zum Anziehen hat es in der Eile nicht mehr gereicht, so dass ich in Unterhose und T-Shirt umherstapfe. Nach einer halben Stunde und kurz bevor ich mir überlege, zum Aufwärmen ein paar Sprints hinzulegen, schläft Natan endlich ein.

Asturien

12. Etappe: 04.08.2012
Colombres – Cuerres

Der Tag beginnt mit Sonnenschein und einer kurzen, aber intensiven Abfahrt zur N-634. Ihr müssen wir dann noch gute 6 Kilometer folgen, bis wir bei Buelna auf den schönen Küstenweg abbiegen können.

Zwischen Buelna und Andrin verläuft der Jakobsweg auf dem europäischen Fernwanderweg E9, der sich zumindest auf dem Papier von Portugal bis zur Ostsee die Küste entlangschlängelt. Eine Besonderheit auf diesem Abschnitt sind die Buffones de Arenillas (Meerwassergeysire), bei denen Wasser durch den porösen Kalkstein gepresst wird und bei starkem Wellengang bis zu 40 Meter nach oben schießt. Badestrände gibt es direkt hinter Buelna sowie bei der Playa de Bretones und bei Andrin.

Die Nationalstraße ist hier besonders stark frequentiert, da sich die parallel verlaufende Autobahn noch in Bau befindet. Die Sorge, die Kids würden uns dieses Verkehrsinferno mit Gebrüll zur Hölle machen, war glücklicherweise umsonst. Lammfromm warten die beiden, bis wir hinter Buelna unsere erste Pause an einem idyllischen Strand einlegen. Dort wimmelt es nur so von kleinen Krabben und Krebsen, denen Emilia neugierig nachspürt. Weniger Lust verspürt sie allerdings, sich nach der Pause aufs Rad zu setzen. Der Schotterbelag und das wellige Gelände nehmen ihr jeden Spaß am Fahren. Der Küsten(wander)weg bietet unbeschreiblich schöne Ausblicke, 8 Kilometer geht es weitab von Verkehr und Tourismusbetrieb einsam an der Küste entlang. Der Weg hält aber einige Herausforderungen bereit: Beim Abstieg zur Playa de Bretones schaffe ich es gerade noch, Fahrrad und Anhänger in der Spur zu halten. Beim anschließenden Wiederaufstieg hilft Pepe, ein stämmiger Galizier, beim kräftezehrenden Schieben. Schlimmer wird es bei der Überquerung des Rio Puron. Zusammen mit zwei weiteren Männern schaffen wir es fast nicht, den Anhänger auf der abschüssigen Betonrampe unter Kontrolle zu halten, damit er nicht samt Kindern in den Fluss stürzt. Ohne Hilfe wären wir hier verloren gewesen, und selbst mir schnellt der Adrenalinspiegel in ungeahnte Höhen. Natan und Emilia dagegen zeigen sich völlig unbekümmert von der Aufregung der Erwachsenen und genießen die Fahrt auf ihre Weise. Leider können wir ihnen die spektakulären Buffones de Arenillas nicht zeigen, bei denen das Wasser durch den Wellengang als meterhohe Fontäne aus dem porösen Kalkstein schießt. Das Ganze funktioniert bei ruhiger See und Ebbe nicht wirklich. Bei Andrin hat uns dann die Straße wieder. Über einen kleinen Pass geht es hinunter nach Llanes, ein Touristenmagnet an der asturianischen Küste.

Das Städtchen Llanes mit seiner pittoresken Altstadt war schon oft Filmkulisse. Im Hafen kann man darüber hinaus die bunt bemalten Betonquader des baskischen Malers Agustín Ibarrola bewundern. Hinter Llanes beginnt eine ganze Reihe von schönen Stränden, angefangen vom geschützten, fast wellenlosen Strand in Poo bis hin zum langgezogenen Strand bei San Antolin de Bedon.

Darauf waren wir nach unserer einsamen Küstentour nicht gefasst. Plötzlich riesige Menschenmengen in engen Altstadtgassen, viel beschäftigte Touristen, die sich unbedingt erholen müssen. Das genaue Gegenteil zu der beschaulichen Fahrt mit gelegentlich jovial grüßenden Pilgern oder Bauern. Wir beeilen uns, dem neuerlichen Inferno so schnell wie möglich zu entkommen, doch der Lärm hat Natan geweckt. Und so müssen wir wohl oder übel am nächsten Spielplatz notlanden. Immerhin befindet sich gegenüber ein Supermarkt, in dem wir unsere Vorräte wieder auffüllen können.

Gegen 15 Uhr machen wir uns auf den letzten

Abschnitt der heutigen Etappe. Nach langem Hin und Her entscheiden wir uns dafür, nicht in der nächstgelegenen Herberge in Poo zu übernachten, sondern die neue, deutsch geführte Herberge in Cuerres anzusteuern. Karina, von der wir in Elorriaga die Jakobsmuschel geschenkt bekommen haben, hat uns diese Herberge wärmstens empfohlen. So etwas verpflichtet! Leider sind es noch 17 Kilometer bis dorthin, weshalb wir uns eher an die Straße halten als an den Camino, um zu dieser späten Stunde keine Umwege oder Kletteraktionen mehr zu riskieren. Auf wenig befahrenen Landstraßen erreichen wir gegen 17 Uhr Cuerres und freuen uns schon riesig auf die versprochene Traumherberge. Doch die Dorfbewohner scheinen noch nie etwas von einer Herberge in ihrem Ort gehört zu haben. Wir werden von einem Ende zum anderen geschickt, aber Herberge und Camino bleiben wie vom Erdboden verschluckt. Das ganze Dorf mutet zudem etwas seltsam an. Es scheint keinen Dorfkern zu geben, vielmehr liegen die einzelnen Häuser weit verstreut im hügeligen, baumbewachsenen Gelände. Natan ist inzwischen in der Trage gelandet und sieht sich unser seltsames Treiben interessiert an. Wir dagegen kommen uns bei der aussichtslos erscheinenden Suche vor wie in einer Kafka-Verfilmung. Als wir schon umdrehen und die in unserem Reiseführer erwähnte Herberge in Piñeres de Pria ansteuern wollen, frage ich doch noch in der wohl einzigen Bar des Dorfes nach. Und tatsächlich, der Besitzer nickt verständnisvoll und drückt mir ein kleines Stück Papier in die Hand. Darauf ist eine Wegbeschreibung zur Casa Belen auf Englisch abgedruckt. Doch dort, wo sich die Herberge befinden soll, sind wir schon mehrere Male vorbeigelaufen, ohne den Hauch einer Herberge zu entdecken. Ich versuche es trotzdem noch einmal und entdecke einen kleinen, versteckten Fußweg, der zu einem großen weißen Haus führt. Vor dem Haus sitzt eine illustre Clique beim Abendessen und unterhält sich auf Deutsch. Das ist meine Chance! Hoffnungsvoll frage ich, ob dies zufällig eine Herberge sei. Als mir Birgitta, die Hospitalera, dies positiv beantworten kann, falle ich erst einmal auf die Knie und breche in lauten Torjubel aus.

Und der lohnt sich: Die Herberge lässt Pilgerherzen höher schlagen und keinerlei Wünsche offen. Birgitta und ihr Mann Manfred, die aus Deutschland stammen, haben dieses Haus und das riesige Grundstück nach seiner Pensionierung gekauft und liebevoll zur Herberge umgebaut. Da sie die Herberge erst im Mai eröffnet haben und diese in keinem Reiseführer verzeichnet ist, hält sich der eigentlich zu erwartende Pilgeransturm in Grenzen. Außer Tina, die wir in Portugalete kennengelernt haben, sind wir heute die einzigen Gäste. Die Zimmer sind schön eingerichtet und schockierend sauber. Die große Pilgerküche ist sowohl mit Kochgeräten als auch mit allen erdenklichen Lebensmitteln zum Kochen und Verzehr ausgestattet. Wir machen uns gleich mit Tina ans Kochen und wechseln uns beim Plaudern wieder ab. Tina pilgert schon etwas länger als wir, sie ist in Norddeutschland gestartet. Da das Netz der Jakobswege ganz Europa überzieht, ist das kein Problem. Nach dem Ende eines sozialen Jahres hat sie einfach ihre Habseligkeiten gepackt und ist losgefahren. Anfangs auf einem Klappfahrrad gelangte sie über Aachen und

Belgien nach Reims, wo sie auf den Zug nach Paris und weiter nach Irun aufgesprungen ist. Dort hat sie sich in den Fußpilgerbetrieb eingegliedert und auch ein ordentliches Tempo an den Tag gelegt – sie ist ja immerhin genauso schnell wie wir mit dem Fahrrad. Nach dem Essen lassen wir den Abend mit Wein und Gebäck in gemütlicher Runde bei Birgitta und Manfred ausklingen. Emilia taut bei der rein deutschsprachigen Gesellschaft auf und lässt sich sogar auf Small Talk mit Tina und Birgitta ein. Sie scheint richtig froh zu sein, endlich Leute getroffen zu haben, die normal sprechen können. Sie nimmt trotz ihrer Gänsephobie vorsichtig Kontakt zu der süßen Babygans Heidi auf und dreht mit ihrem Fahrrad munter eine Runde nach der anderen. Die Strapazen des Jakobswegs scheinen in dieser Oase ganz weit entfernt zu sein.

13. Etappe: 05.08.2012
Cuerres – La Isla

Dieses Lotterleben konnte natürlich nicht immer so weitergehen, und so schlägt das Pilgerschicksal heute mit voller Härte zurück. Nach einem herrlich langen Frühstück mit Tina verlassen wir die Herberge erst gegen 11 Uhr. Da hat Emilia schon ziemlich schlechte Laune, was auch das Abschiedsfoto mit Manfred total verhagelt. Kurz nach Ribadasella, wo Tausende Jugendliche gerade zwischen Müllbergen und Zelthaufen mit der Katerstimmung nach dem berüchtigten Kanufestival kämpfen, wird sie weinerlich und klagt über Kopfweh. Nachdem wir festgestellt haben, dass etwas anderes als die üblichen fiesen Mückenstiche der Grund für ihre Beschwerden sind, beeilen wir uns, den Anstieg zum nächsten Dorf Berbes möglichst schnell zu meistern, und bleiben auf der engen, aber wenig befahrenen N-632. Emilias Kopfschmerzen scheinen jedoch immer schlimmer zu werden, sie weint jetzt fast ununterbrochen. Um sie einigermaßen bei Laune zu halten – denn hier, mitten in der Pampa, ist eine Pause wenig sinnvoll –, schreie ich eine Geschichte nach der anderen die einsame Nationalstraße hinauf.

In Berbes machen wir Pause in einer unfreundlichen Bar, aber da Emilias Laune nicht aufzuhellen ist, entscheiden wir uns für das erste Paracetamolzäpfchen der Reise, um die Kopfschmerzen zu mildern. Da sie bisher noch nie über Kopfschmerzen geklagt hat, wird uns das Ganze immer unheimlicher. Glücklicherweise kann sie bei der Weiterfahrt bald einschlafen, so dass wir schon kurz vor 16 Uhr die Herberge von La Isla erreichen. Dort geht die Katastrophe erst richtig los: Kaum ist Emilia aufgewacht, erbricht sie in hohem Bogen alles – vom Frühstückskakao über Bestechungskekse bis hin zum Orangensaft – über sich, mich und den Küchentisch. Die Herberge verfügt zum Glück über eine Waschmaschine, die wir auch gleich nach der zweiten Brechattacke in Beschlag nehmen. Ansonsten zählt die Herberge eher zu der rustikaleren Sorte mit einem großen Schlafsaal für etwa 25 Pilger und knapp kalkulierten sanitären Einrichtungen. Nach unzähligen Erfahrungen mit bis zur Schmerzgrenze rücksichtsvollen Mitpilgern scheinen ausgerechnet die Gäste dieser Herberge – bis auf Tina, die es ebenfalls hierher verschlagen hat – ihre guten Manieren abgelegt zu haben. Es mag auch sein, dass sich unsere Wahrnehmung verändert hat, denn wir sind inzwischen die reinsten Nervenbündel. Bei Kopfschmerzen, Fieber und Erbrechen könnte aber eben auch eine Hirnhautentzündung hinter Emilias Zustand stecken. Und selbst, wenn das sehr unwahrscheinlich ist, versetzt uns allein die Möglichkeit einer potenziell tödlichen Krankheit in höchste Alarmbereitschaft. Hilflos und innerlich in Panik verbringen wir Nachmittag und Abend in der Küche, wo wir das kleine Schlafsofa zum Krankenlager umfunktioniert haben. So können wir überhaupt kein Verständnis dafür aufbringen, dass irgendwelche dahergelaufenen Radpilger zur Pilgersperrstunde um 22 Uhr erst einmal gemütlich Reis abkochen und das späte Abendessen auch noch mit viel Sidra und billigem Rotwein begießen.

Als ein paar ganz Ausgefuchste um 23.30 Uhr ans Küchenfenster klopfen, um nach einer Sauftour im Dorf Einlass zu begehren, und dann gemütlich ihre Wäsche von der Leine holen wollen, platzt mir endgültig der Kragen. Ich hoffe in diesem Moment inständig, dass hinter Emilias Zustand ein hoch ansteckender Magen-Darm-Virus steckt und sie die Herrschaften gerade damit infiziert hat, so dass diese die nächsten drei oder besser sieben Tage nur mit sich und ihrem Verdauungstrakt beschäftigt sein werden, anstatt anderen Pilgern auf die Nerven zu gehen. Unwirsch schnauze ich die Spätzügler an, jetzt endlich Ruhe zu geben – die Kinder wollen schlafen! Verständnislos trotten sie ohne die nasse Wäsche

Richtung Schlafsaal. Aber auch ohne weitere ungebetene Gäste ist die Nacht der reinste Horror. Ania schläft mit Natan neben einem der alkoholisierten Übeltäter, der zunächst noch wahnsinnig wichtige Dinge mit seinem grell leuchtenden Smartphone erledigt, dann aber urplötzlich in einen komatösen Schlaf fällt. Natürlich nicht ohne die Zunge schön weit nach hinten fallen zu lassen und so den Schlafsaal mit ohrenbetäubenden Schnarchlauten zu beschallen. Ich bekomme auch nicht viel mehr Schlaf ab, denn Emilia wacht mehrmals weinend auf und erbricht weiter fleißig jeden Schluck Wasser oder Kamillentee, den Tina netterweise für sie besorgt hat. Als sich ihr Zustand aber auch nach Sonnenaufgang nicht bessert und sie inzwischen 24 Stunden weder Nahrung noch Wasser zu sich genommen bzw. bei sich behalten hat, machen wir uns noch ernstere Sorgen und beschließen einen Kinderarzt aufzusuchen.

14. Etappe: 06.08.2012
La Isla – Colunga

Señora Angelita, die gute Seele der Herberge, leitet alles für uns in die Wege. Sie ist über die feierwütigen Pilger genauso erbost wie wir und kann gut verstehen, dass wir für die kommende Nacht eine ruhigere Bleibe suchen. Sie besorgt uns bei Bekannten ein Privatzimmer in der 5 Kilometer entfernten Kleinstadt Colunga und weist diese an, uns gleich zum Arzt zu bringen. Señor Angel holt uns nach der heutigen Minietappe am Ortseingang von Colunga ab. Nachdem wir unser Gepäck in der kleinen Pension abgeliefert haben, führt er uns schnurstracks zum Gesundheitszentrum und weicht dort nicht von unserer Seite.

Die Arzthelferin winkt uns trotz nicht vorhandener EU-Gesundheitskarte gleich durch, wahrscheinlich waren die Angst in unseren Augen und Emilias saft- und kraftloser Gemütszustand so offensichtlich, dass sie gar nicht anders konnte. Die Kinderärztin spricht zwar nur Spanisch, die Verständigung klappt aber im Gegensatz zu Alltagssituationen auf medizinischem Terrain hervorragend. Sie kann keine beunruhigenden Befunde erheben und entlässt uns mit dem Rezept für ein Antibrechmittel und Elektrolytlösungen sowie der Maßgabe, heute Abend wiederzukommen, falls Emilias Zustand sich nicht bessert.

Wir und Señor Angel sind erst einmal beruhigt und kehren zur Pension zurück. Dort warten schon seine Frau sowie eine Nachbarin auf Neuigkeiten über Emilias Gesundheitszustand. Da der Weg zu unserem Zimmer direkt durch das Wohnzimmer der Familie führt, können wir sie immer auf dem aktuellsten Stand halten. Und tatsächlich bessert sich Emilias Zustand nun stündlich. Nach den Medikamenten erbricht sie sich gar nicht mehr und klagt auch immer seltener über Kopfweh. Gegen Abend wagen wir uns sogar an den Kostaufbau – entgegen der Empfehlung der Kinderärztin verzichten wir dabei erst einmal auf Fisch oder Hühnchen. Das Schlimmste ist also überstanden, und so fallen wir nach zwei Tagen auf ängstlichen Hochtouren in einen komatösen Schlaf.

15. Etappe: 07.08.2012
Colunga – Valdedios

Emilia ist wieder ganz die Alte, und so starten wir den Tag mit dem Kinderprogramm. Natan freut sich sichtlich über die gesteigerte Aufmerksamkeit, die letzten zwei Tage sind doch ziemlich an ihm vorbeigelaufen. In Colunga sind heute die Dinosaurier los.

An der hiesigen Küste wurden tatsächlich beeindruckend viele Knochen und Fußabdrücke der Urzeitriesen entdeckt. Grund genug, ein hochmodernes, didaktisch hervorragendes Museum in Form eines Saurierfußes vor der malerischen Kulisse der Picos de Europa hinzustellen (Museo del Jurasico de Asturias (MUJA), www.museojurasicoasturias.com).

Für uns persönlich hätte es nicht unbedingt ganz oben auf dem Hügel stehen müssen, aber wenn das tolle Panorama hilft, sich die vergangene Tierwelt besser vorstellen zu können, strampeln wir eben die 150 Höhenmeter nach oben. Emilia ist von unserem Opfer für ihre Naturkundeerziehung wenig beeindruckt, lässt sich aber gern auf ein halbes Stündchen auf dem schön gestalteten Dinosaurierspielplatz ein. Wir sind nämlich zu früh da und müssen die Zeit bis zur Öffnung des Museums überbrücken. Dann gibt es kein Halten mehr. Auch Natan ist wieder putzmunter, und wir erkunden ausgiebig die Urzeitwelt und ihre Bewohner. Gegen Ende des Museumsbesuches sind die Kinder so müde, dass Ania und ich den ersten Teil der Etappe, der auf einer kleinen, unbefahrenen Landstraße verläuft, richtig genießen können.

Über Pernus und halb verlassene Weiler geht es durch eine wunderschöne Hügellandschaft ins Apfelstädtchen Villaviciosa. Dort pausieren wir an einem kleinen Bach mit Park und lassen Gosia und Tomasz, die sich gerade im Ortskern den Bauch vollgeschlagen haben, nach einem Schwätzchen vorüberziehen. Kurz hinter Villaviciosa verlassen wir den Küstenweg, der weiter durch die Industriewüsten von Gijon und Aviles verläuft. Unsere Variante führt uns zunächst nach Oviedo, der Hauptstadt Asturiens. Wir entscheiden uns bei Emilias überschwänglich guter Laune dazu, heute noch bis nach Valdedios weiterzufahren, um in der dortigen Zisterzienserabtei ein bisschen Klosterluft zu schnuppern. Einziger Wermutstropfen ist heute die Sonne, die jetzt am Nachmittag natürlich besonders unbarmherzig herunterbrennt. Mit wiederholten Mineralwasserduschen versuchen wir die Betriebstemperatur der Kids im Normbereich zu halten. Auf den letzten 5 Kilometern lässt die Lust der beiden merklich nach. Natan will jetzt getragen werden, was auch kein Problem darstellt. Emilia möchte nämlich endlich Fahrrad fahren, muss dann aber die meiste Zeit schieben oder bremsen, da sich einfach kein flacher Wegabschnitt finden lässt. Bei unserem Schneckentempo überholen uns sogar

Gosia und Tomasz, die wir kurz hinter Villaviciosa hinter uns gelassen haben, auf der Zielgeraden. Die beiden ergattern damit die letzten freien Betten in der Klosterherberge. Ein älteres Ehepaar, das ganz offensichtlich mit dem Auto hierhergekommen ist, hat kurz zuvor entgegen allen ungeschriebenen Pilgergesetzen einfach sechs Betten mit seinem Gepäck belegt. Es entstehen aufgrund dieses Vorfalls fast tumultartige Szenen, denn die Herberge ist meilenweit von anderen Übernachtungsmöglichkeiten entfernt, und wir sind trotz der vorangeschrittenen Stunde – es ist inzwischen fast 18 Uhr – nicht die letzten Ankömmlinge.

Der junge Hospitalero ist hier, so wie ich es verstanden habe, einer von vier Mönchen und muss sich jetzt etwas einfallen lassen, bevor die Lage eskaliert. Also demontiert er mit Hilfe einer kleinen Freiwilligentruppe (inklusive mir) alle greifbaren Etagenbetten des riesigen Klosters und stellt sie im Aufenthaltsraum der Herberge wieder zusammen. So bekommt am Ende des Tages doch jeder Pilger seinen ihm zustehenden Platz. Seltsamerweise waren Ania und ich während der ganzen Aufregung die Ruhe selbst. Nach der durchgestandenen Hölle der letzten Tage hat uns nicht einmal die Aussicht, die Nacht obdachlos verbringen zu müssen, aus dem Gleichgewicht gebracht. Irgendwie sind wir jetzt wohl auf dem Weg angekommen und können die Verantwortung ganz aus der Hand geben. Es findet sich immer ein Weg, etwas zu essen, ein Dach über dem Kopf. Wir müssen eigentlich nur die Kids bei Laune halten, den Rest besorgt Santiago.

16. Etappe: 08.08.2012
Valdedios – Oviedo

Emilia hat wohl doch einiges zu verarbeiten. Sehr zur Freude unserer Mitpilger wacht sie mitten in der Nacht weinend auf und lässt sich einfach nicht mehr beruhigen. Über eine halbe Stunde rede ich mit Engelszungen auf der Herbergstoilette auf sie ein, bevor sie endlich nach drei Geschichten wieder einschlafen kann. Trotz der kurzen Unterbrechung ist die Nacht nach der gestrigen Mammutetappe recht erholsam. Die Erholung haben wir auch nötig, denn als Erstes steht heute mühsames Bergsteigen auf dem Programm. Vom Kloster kommend führt der Weg auf 3 Kilometern Länge satte 300 Höhenmeter nach oben. Wir beginnen in der Zweierverschiebetechnik, was bedeutet, dass Ania und ich die Kinder im Anhänger zu zweit schieben müssen, um die immense Steigung zu überwinden, und ich dann nochmals hinunterrenne, um Anias Rad hinaufzuwuchten. Zum Glück hilft uns auf dem letzten Drittel ein netter Spanier im besten Alter, der danach auch noch zwei ältere Damen an ihren Wanderstöcken nach oben zieht. Nach einer Stunde sind wir endlich auf dem Pass, der Rest des Weges bereitet dann kaum mehr Schwierigkeiten.

In Nava (10 Kilometer von der Passhöhe entfernt) befindet sich das Museo de la Sidra, das ganz dem Apfelwein, dem asturianischen Nationalgetränk, gewidmet ist.

Dieses sollte man in Asturien zumindest einmal gekostet haben, das Geschmackserlebnis wird sich (vielleicht nicht unbedingt positiv) ins Gedächtnis eingraben. Auch der Vorgang des Einschenkens ist ein Erlebnis für sich: Um das Gebräu überhaupt trinkbar zu machen, wird es aus großer Höhe ins Glas gegossen, wodurch es für kurze Zeit sprudelt. Dementsprechend schnell muss es natürlich auch den Rachen hinuntergeschüttet werden.

Gerade als wir uns kurz vor Oviedo nach einem schattigen Plätzchen zum Verschnaufen umsehen, fahren wir fast Tina über den Haufen, die es sich am Wegrand gemütlich gemacht hat. Sie verlängert ihre Pause und wir tauschen ungehemmt Pilgerklatsch und -tratsch aus. Sie zieht dann weiter und kommt deutlich vor uns in Oviedo an, da Emilia und Natan überhaupt nicht daran denken, wieder in den Ruhesesselmodus zurückzukehren. Also machen wir nach einem Kilometer an einem kleinen Bach noch einmal Pause. Der Ort ist zauberhaft, und so vergessen Emilia und ich völlig die Zeit, wandern durchs Flussbett, hüpfen durch den Matsch, ziehen Natan durchs Wasser und genießen die Idylle. Bis sich Emilia schließlich auf einen Ameisenhaufen setzt. Mit vereinten Kräften vertreiben Ania und ich die fiesen Winzlinge und trösten Emilia über die schmerzhafte Erfahrung hinweg. Und nun sehen auch Emilia und Natan ein, dass es Zeit ist aufzubrechen, wir wollen ja heute noch Oviedo erreichen.

Oviedo ist die Hauptstadt Asturiens. Die Altstadt wird von der Kathedrale beherrscht, lohnt aber auch so einen längeren Spaziergang. Bei schlechtem Wetter bieten sich mehrere sehenswerte Museen (z. B. für Archäologie im Kloster San Vicente) sowie ein großer Indoorspielplatz am Parque de Invierno (www.palaciodelosninos.com) an.

Die Einfallstraße in die Stadt ist grausam lang, der Asphalt vervielfacht die schon vorher beachtliche Hitze. Natan findet die wiederholten Wasserduschen jetzt gar nicht witzig, denn eigentlich hält er Mittagschlaf. Auch die Kathedrale reißt ihn im Gegensatz zu uns nicht vom Hocker. Dieses Mal rennt Tina uns fast über den Haufen. Glücklicherweise hat sie gerade eine unglaublich hilfsbereite Einheimische im Schlepptau, die uns alle sicher durch das Straßengewirr zur neuen Herberge bringt. Dort sitzt schon eine muntere Schar altbekannter und neuer Pilgergesichter im Garten und wartet auf den Hospitalero.

Um uns endlich einmal bei unseren schenkfreudigen Mitpilgern zu revanchieren – Emilia hat schon den ganzen Anhänger voll mit Andenken und ständig den Bauch voller Süßigkeiten –, verteile ich drei Packungen Eis am Stiel an die Wartenden. Prompt bekommen wir von einem Franzosen, der den Camino bereits zum dritten Mal durchmacht, ein selbst gemaltes Postkartenaquarell geschenkt. Gegen die Freundlichkeit der Pilger kommen wir einfach nicht an. Der zunächst sehr nette Hospitalero entpuppt sich dann aber als hinterhältig und verlangt doch tatsächlich auch von Emilia und Natan einen Obolus für den Schlafplatz, obwohl wir uns wie immer zu viert in zwei Betten quetschen. Als die Herberge später voll belegt ist, verweigert er einem deutschen Spätankömmling den Schlafplatz im Flur oder im Garten – woran der sich aber nach Anbruch der Dunkelheit nicht mehr gebunden fühlt. Sachen gibt's ...

17. Etappe: 09.08.2012 Oviedo – Proaza

Ich wache nach einer eigentlich erholsamen Nacht mit miesen Kopfschmerzen auf. Nach einer Paracetamol-Tablette ist die Fahrt zunächst erträglich. Unnötigerweise nehmen wir einen ungemütlichen, insgesamt drei Stunden dauernden Umweg über den Bahnhof in Kauf, um uns über die Möglichkeiten der Fahrradtransporte in spanischen Schnellzügen zu informieren. Die spanische Bahn ist diesbezüglich erstaunlich unkreativ, so dass wir uns wohl in Santiago nach Alternativen für die Rückreise umsehen müssen. Wenn wir es denn bis dahin schaffen sollten. Die magische Stadt ist immer noch unvorstellbar weit entfernt, obwohl wir schon mehr als die Hälfte des Weges zurückgelegt haben.

Heute habe ich auch noch das Gefühl, kaum das Tagesziel Proaza im Val de Oso (Bärental) erreichen zu können, wo ich gestern ein Zimmer in einer Pension reserviert habe. Mein Kopf beginnt bald wieder wüst zu hämmern, und meine Beine wollen auch nicht so wie sonst. Die Strecke verläuft auf einer stillgelegten Eisenbahntrasse und hat kaum mehr Steigungen zu bieten als Holland. Trotzdem kostet mich jeder Kilometer mehr Kraft als auf der bisher zurückgelegten Strecke. Emilia verschläft leider die Möglichkeit, sich auf dem wunderschönen Teilstück mit vielen Tunneln und Brücken auszutoben. Der Camino Primitivo, den auch Tina gehen will, verläuft hier parallel zu unserer Variante, die uns heute ins Bärental und morgen, wenn es klappt, mit dem Zug zurück an die Küste führt.

Von Oviedo aus kann man auf stillgelegten Bahntrassen weit ins bergige Hinterland hineinfahren. Die Via Verde de Fuso (8 Kilometer) verbindet Oviedo mit dem ganze 36 Kilometer langen Bahntrassenradweg Senda de Oso. Ausführliche Informationen findet man unter www.bahntrassenradeln.de und www.viasverdes.com (Spanisch). Bei Proaza hat man vom Weg aus beste Aussicht auf ein Bärengehege. Danach beginnt der schönste Teil der Strecke mit vielen Tunneln und Brücken. Lohnendes Tagesziel sind auch das prähistorische Museum in Teverga und der Stausee Valdemurios. Zurück zum Jakobsweg bei San Esteban de Pravia kommt man von Trubia aus mit dem Zug der nordspanischen Schmalspurbahn FEVE (www.feve.es).

Wir befinden uns jetzt also mal wieder fernab jeglicher Jakobswege und machen einen Tag Pause vom Pilgertrubel. Hinter Tuñon nennt sich der Weg dann Senda de Oso (Bärenpfad) und wird deutlich ruppiger, was den Belag angeht. Wir kommen jetzt trotz friedlich dösender Rückbank kaum voran, da die Kräfte und die Paracetamolwirkung deutlich schwinden. Als wir gegen 14 Uhr endlich die Pension erreichen, bin ich fix und fertig und falle, nachdem ich in einer letzten, schier übermenschlichen Kraftanstrengung unser Gepäck aufs Zimmer getragen habe, todmüde in Siestastimmung. Emilia und Natan drehen aber gerade auf und haben überhaupt kein Verständnis für meine Unlust. Und auch Ania kann sich nicht damit anfreunden, dass sie nun die ganze Brut allein am Hals hat. Aber es hilft nichts, ich ziehe mich wenig elegant zurück, während sie mit den zwei Unruheherden den sonnenverwöhnten Spielplatz des Dorfes erkunden darf. Inzwischen ist mir auch richtig schlecht, obwohl ich fast nichts gegessen habe, so dass ich mir ziemlich sicher bin, Emilias Magen-Darm-Virus abbekommen zu haben. Hätte mich auch gewundert, wenn dieser Kelch an mir vorübergegangen wäre, so oft, wie sich Emilia über mich übergeben hat.

18. Etappe: 10.08.2012
Proaza – Soto de Luiña

Der Magen-Darm-Virus ist von der schnellen Truppe, denn am nächsten Morgen bin ich fast vollständig wiederhergestellt. Erst jetzt am Frühstückstisch wird mir klar, wie unfreundlich Besitzer und Bedienung uns behandeln. Ich hatte zwar schon gestern den Eindruck, dass Geduld und Freundlichkeit nicht ihre Stärke seien, hatte aber keine Lust, das Thema zu vertiefen. Heute warten wir ewig, während die anderen Gäste einer nach dem anderen bedient werden, und bekommen auch andauernd Ermahnungen zu hören, Natan solle dies und das nicht tun und wir hätten besser auf ihn aufzupassen. Natan krabbelt zwar kreuz und quer durch die Bar und gibt sich wie immer größte Mühe, so viel Chaos wie möglich anzurichten, doch im Gegensatz zur hiesigen Umgebung sind seine wilden Phasen bisher in ganz Spanien mit Wohlwollen hingenommen worden. Wir sind jedenfalls froh, dass wir heute unseren Weg wieder im behüteten Fahrwasser des Jakobswegs fortsetzen können.

Davor bricht Emilia noch ihren eigenen Rekord und fährt eine Strecke von 6,5 Kilometern auf dem ruppigen Weg, den wir gestern mit letzter Kraft gemeistert haben. Dann schummeln wir zum letzten Mal und nehmen in Trubia die Dienste der spanischen Schmalspurbahn FEVE in Anspruch, die uns in einer Stunde wieder zur Küste bringt. Mit dem Fahrrad hätte die Strecke über haarsträubend enge Landstraßen zwei Tage gedauert – und so sind wir der Verlockung erlegen. Zur Strafe ist die kleine Jugendherberge in San Esteban de Pravia komplett ausgebucht, so dass wir noch ein ganzes Stück bis zur nächsten Herberge vor uns haben. Es ist zwar schon früher Nachmittag, aber noch einmal zu schummeln, kommt nicht in Frage. Wir nehmen dabei auch das schlimmste Stück N-634 des gesamten Jakobswegs in Kauf. Bei Muros de Nalon wird noch an der parallel verlaufenden Autobahn gebaut, die Strecke scheint für die Unmengen von Lkws und Bussen alternativlos. Trotz des breiten Seitenstreifens ist uns richtig mulmig zumute. Mit virtuell geschlossenen Augen und Ohren treten wir kräftig in die Pedale, um möglichst schnell aus dieser Lärm- und Abgashölle herauszukommen. Zum Glück zweigt schon nach einem Kilometer ein gelb markierter Asphaltweg nach El Pitu ab. Emilia und Natan machen sich über solche Banalitäten gar keinen Kopf und schlafen einfach weiter.

Atemberaubend geht es auch weiter, dieses Mal aber aufgrund der wieder einmal unglaublichen Steigungen. Besonders gemein ist der Abschnitt bei Cudillero, wo wir auf der rasanten Abfahrt immer den nachfolgenden, etwa 20 Prozent steilen Anstieg im Blick haben. Völlig verausgabt erreichen wir die Herberge in der alten Schule von Soto de Luiña. Dort reicht der 22-bettige Schlafsaal nicht aus, so dass der Hospitalero noch einen zweiten Saal mit etwa 15 Luftmatratzen eröffnet, in dem auch wir unterkommen. Wir brechen gleich nach der Eroberung unserer Schlafplätze wieder auf zum nahe gelegenen Strand, damit Emilia und Natan, die gerade richtig in Fahrt kommen, Auslauf haben. Die beiden Racker haben ihre Akkus aber heute Nachmittag voll aufgeladen und sind trotz des Strandbadbesuchs, eines Pilgermenüs und einiger Runden um die Herberge nicht müde zu kriegen. Der Luftmatratzenraum ist viel zu interessant, und so schlafe ich mal wieder vor Emilia und mitten im Geschichtenerzählen ein.

19. Etappe: 11.08.2012
Soto de Luiña – Almuña

Zwischen Soto de Luiña und Ribadeo, also bevor der Jakobsweg ins Landesinnere abzweigt, kann man noch einmal das Meer so richtig genießen, Badestrände gibt es fast alle paar Meter, und der Jakobsweg kommt diesen vor allem bei Cadavedo, Canero, Luarca, A Carida, der Playa de Porcia sowie in und um Tapia de Casariego nahe.

Die heutige Etappe gehört sicherlich nicht nur für Fahrradfahrer zu den Highlights des Weges. Auf der neuen Autobahn sind es nur 8 Kilometer bis Cadavedo, der Camino verläuft dagegen 24 Kilometer auf der alten Nationalstraße. Diese wird zwar kaum mehr befahren, ist dafür aber erstklassig in Schuss gehalten. Die Topographie der Küste ist schweißtreibend erfahrbar, im Kilometertakt geht es rauf und runter. Emilia und Natan zeigen sich einmal mehr völlig desinteressiert an der atemberaubenden Landschaft und werden erst munter, als wir in einer kleinen Bar Rast machen. Leider ist es für ein Pilgermenü zu früh, so dass wir auf Kuchen und Kakao ausweichen müssen. Nach Verlassen der Bar weist uns ein kleiner Pfad den Weg zum Strand, den ich uns nicht entgehen lassen will. Ania ist nicht wirklich begeistert, denn der Pfad ähnelt den Wegen, auf denen wir in den ersten enthusiastischen Tagen kaum vorangekommen sind. Zum Glück kommt nach wenigen Hundert Metern im Schneckentempo ein Traumstrand in Sichtweite. Die Frühstückpause zieht sich so bis weit in den Nachmittag hinein.

Als wir uns endlich zur Weiterfahrt aufraffen können, schaffen wir es erst am frühen Nachmittag nach Almuña, unserem Etappenziel. Dort wartet eine faustdicke Überraschung auf uns: Trotz der besten Herbergszeit ist um 15 Uhr bereits kein Platz mehr für uns. Der lustige Hospitalero hilft uns aber netterweise, ein Doppelzimmer in einem nahe gelegenen, etwas zwielichtigen Motel zu finden. Nachdem wir uns dort wiederhergestellt haben, kehren wir noch einmal in die Herberge zurück, um die dortige Mikrowelle für unser Abendessen zu nutzen. Mit dicker Nickelbrille und roten Stoppelhaaren taugt der Hospitalero bestens als Komiker. Er gibt sich alle Mühe, die abgekämpften Pilger zu unterhalten. Sogleich schnappt er sich Natan, der vor lauter Schreck gar nicht zum Weinen kommt, und trägt ihn Faxen machend durch die Herberge. Wir machen uns derweil mit knurrendem Magen ans Essenaufwärmen und müssen dabei dem vorwurfsvollen Gebrumm der alten Señora lauschen, die hier wohl dem Hospitalero zur Hand geht. Leider reicht unser Spanisch, um ihre abfälligen Kommentare zu Kindern auf dem Jakobsweg zu verstehen. Wir lassen uns aber jetzt nicht mehr ins Bockshorn jagen und den Abend mit vielen altbekannten Wegbegleitern gemütlich ausklingen, bevor wir uns in unser Motel zurückziehen.

20. Etappe: 12.08.2012
Almuña – Tapia de Casariego

Die Frühstücksbar des Motels nutzen wir noch aus, bevor wir uns auf die Sättel schwingen. Wir wollen es heute bis nach Tapia de Casariego schaffen und in einem der Höhepunkte der Herbergskultur übernachten. Allerdings steht uns damit eine der längsten Etappen bevor, denn bis Tapia sind es laut Plan 46 Kilometer über die übliche Hügellandschaft. Der Weg beginnt mit einer malerischen Aussicht auf das Küstenstädtchen Luarca, die wir bei dem extrem steilen Aufstieg besonders lange betrachten dürfen. Dann geht es gemütlich auf Nebensträßchen oder direkt auf der N-634 bis ins nächste Küstenstädtchen Navia. Dort werden wir von Juan abgefangen, als wir nach den gelben Pfeilen fahnden. Er erzählt uns, dass er Marathonläufer ist und sich gerade auf einer kleinen Trainingsfahrt auf dem Mountainbike befindet. Von unseren Beteuerungen, wir würden schon irgendwie den richtigen Weg finden, lässt er sich nicht entmutigen und bietet uns vielmehr an, uns ein Stück zu begleiten. Mir ist das eher peinlich bei meinem Schneckentempo am Berg, bei dem Juan immer wieder den Eindruck erweckt, fast vom Rad zu fallen. Doch seine Ortskenntnis ist Gold wert, dank ihm umfahren wir einen ungemütlichen, steilen Hügel. Und inzwischen sind wir auch in der Lage, ein bisschen Small Talk abzuliefern. Jedoch fällt es mir ziemlich schwer, mir die übermenschliche Anstrengung, mit Juan Schritt halten zu wollen, nicht anmerken zu lassen.

Nach 5 Kilometern überlässt uns Juan kurz vor

A Carida wieder der N-634, nicht ohne uns das kleine Fischerdörfchen Viavelez als Rastplatz zu empfehlen. Und auch hier liegt Juan goldrichtig – nach einer steilen Abfahrt bietet sich ein malerischer Blick über die felsige Bucht, in die sich Viavelez schmiegt. Nach 35 Kilometern haben wir uns die Mittagspause redlich verdient, Emilia und Natan gehen ihrem Bewegungsdrang ungehemmt nach und klettern die kleine Fels wand an der Mole rauf und runter. Die letzten Kilometer vergehen dann wie im Flug, die Anstiege halten sich netterweise in Grenzen, und so erreichen wir nach 48 Kilometern die Herberge von Tapia. Wir sind jetzt wirklich gut eingefahren, und die Kinder haben ihr Anhängersitzverhalten professionalisiert. Emilia kümmert sich fürsorglich um Natan, wenn der nicht gerade schläft, und lässt sich ansonsten kaum von uns stören. Die Herberge, die direkt am Meer liegt, hält, was sie im Reiseführer versprochen hat. Über eine kleine Treppe geht es zur exklusiven Bucht hinunter, in die sich außer uns und ein paar Mitpilgern niemand verirrt. Ich biete mich sogleich für die Kinderbetreuung an, während Ania das Einrichten und das Wäschewaschen übernimmt. Wir plantschen noch einmal so richtig wild. Natan und Emilia haben ihre helle Freude an dem kühlen Nass. Es ist unser letzter Tag am Meer. Morgen werden wir die Grenze zu Galizien überqueren und dort mit dem Jakobsweg ins Landesinnere abbiegen.

Ania bewahrt die beiden blitzeblauen Wasserratten gerade noch rechtzeitig vor dem Erfrieren, indem sie zum Abendessen ruft. Der Ausblick, den wir dabei genießen, ist einfach traumhaft. Die Ebbe gibt langsam den felsigen Untergrund frei, der von der roten Abendsonne angestrahlt wird. Wir treffen alte Bekannte, aber auch sympathische neue Gestalten. Ich setze mich mit Emilia zu einer Gruppe deutsch-baskischer Jungpilger, die ihr Abi gerade hinter sich und das Leben noch vor sich haben. Ach, wir waren ja auch mal so jung! Spanisch-Abi, versteht sich, die Jungs und Mädels haben uns da einiges an Kommunikationsfertigkeiten voraus. Sie malen deshalb auch ein ganz anderes Bild von dem lustigen Hospitalero aus Almuña, bei dem sie einen Tag vor uns übernachtet haben. Seine Endlosschleife an Späßen und Witzeleien fand ich eigentlich ganz unterhaltsam und war froh, das meiste davon nach dem zweiten oder dritten Anlauf verstanden zu haben. Auf einem höheren Sprachniveau schien es jedoch ziemlich schnell ins Peinliche abzudriften. Und auch die unfreundliche alte Dame, die dort aus ihrer Abneigung gegen Kinder auf dem Jakobsweg keinen Hehl gemacht hat, ist bestimmt nicht gut auf ihn zu sprechen. Eine Menge Witze gingen nämlich auf ihre Kosten, und auch einen unangebrachten Wutausbruch musste sie laut den Erzählungen der Gruppe über sich ergehen lassen. Wie weit doch die Wahrnehmungen auseinandergehen können: für die einen aufopfernder, lustiger Hospitalero, für die anderen ein anstrengender Choleriker.

Ich frage mich ganz nebenbei, ob wir auch so unterschiedlich wahrgenommen werden. Bei dem großen „Hallo ... und wirklich ... mit Kindern, toll!" könnte uns ein weniger lautes „Oh nein, die schon wieder!" leicht entgehen. Ganz abgesehen davon, dass Selbst- und Fremdwahrnehmung im Allgemeinen erst einmal nichts, aber auch überhaupt nichts miteinander zu tun haben müssen. Ich nehme mir für den nächsten 5-Tages-Plan vor, auf die leisen Töne zu achten und unsere Mitpilger mit einem weniger aggressiven Kommunikationsstil zu überfallen.

Galizien

21. Etappe: 13.08.2012
Tapia de Casariego – San Xusto

Wir verabschieden uns heute von Asturien und dem Meer. Galizien begrüßt uns mit dunklen Wolken und Nieselregen. Die autonome Region löst ihr Schlechtwetterversprechen schon vom ersten Tag an ein. Doch bevor wir überhaupt einen Fuß auf galizischen Boden setzen dürfen, müssen wir erst die Brücke des Todes überqueren. 600 sehr lange Meter misst die an Dramatik kaum zu überbietende Brückenkonstruktion über dem Rio Eo bei Ribadeo. Zwischen der Autobahn und dem Abgrund überqueren wir die offiziell auf den Namen Puente de los Santos getaufte Brücke auf dem genau zu den Maßen des Fahrradanhängers passenden Fußweg. Die Kids zeigen sich wieder einmal gänzlich unbeeindruckt von der Aufregung der Erwachsenen und lassen sich weder von dem stürmisch wehenden Wind noch von den gewaltigen Bremsvorgängen – mehrmals bleibe ich auf dem engen Weg mit dem Anhänger am Geländer hängen – aus der Ruhe bringen. Ania steht bei weit aufgerissenen Augen dagegen ins Gesicht geschrieben, dass sie keine Freundin von über tosenden Abgründen schwankenden Brücken ist. Mein Vorschlag – nach dem dritten plötzlichen Zwischenstopp am Geländer –, jetzt doch wenigstens mal den Fotoapparat herauszuholen und die atemberaubende Szenerie für die Nachwelt festzuhalten, trifft dann auch auf wenig Gegenliebe. Er führt dagegen vielmehr zu einem Schwall wüster Beschimpfungen und der eindringlichen Aufforderung, jetzt verdammt noch mal und sofort weiterzufahren. Was ich natürlich unverzüglich tue – nachdem das Foto im Kasten ist. Mit Brot und Käse erholen wir uns auf dem erstbesten Spielplatz in Ribadeo und stellen uns moralisch auf die nächste Bergetappe ein.

Wer sich hier immer noch nicht von der Küste trennen kann: Etwa 10 Kilometer von Ribadeo in westlicher Richtung befindet sich der berühmte Kathedralenstrand (Praia das Catedrais) mit seinen an gotische Kathedralen erinnernden Felsformationen.

Die ersten beiden Tage in Galizien verlangen außer dem üblichen Auf und Ab einen kontinuierlichen Anstieg auf etwa 500 Meter über dem Meeresspiegel. Nach den ersten Kilometern gelangen wir in das Dorf Vilela und überlegen kurz, ob wir es für heute schon gut sein lassen und es uns in der dortigen Herberge gemütlich machen sollen. Doch wir haben an diesem frühen Nachmittag noch Kraft in den Beinen, die Kids sind eingeschlafen und die Herberge ist vollkommen leer, was uns etwas misstrauisch macht. Also fahren wir weiter und steuern die nächste Herberge in Gondan an. Drei Tage später erfahren wir von einem Mitpilger, dass die Herberge gar nicht übel gewesen sei und es dazu in der Bar nebenan eines der besten Pilgermenüs des ganzen Camino gegeben habe. Unser Pilgermenü an diesem Abend ist aber auch nicht von schlechten Eltern. Aus nicht weiter nachvollziehbaren organisatorischen Gründen müssen wir von der gemütlichen Herberge in Gondan in die 2 Kilometer entfernte Ersatzherberge von San Xusto ausweichen. Während wir uns dort einen Schlafplatz aussuchen und diesen besetzen, wird Ania von einer aus ihrem Mittagsschläfchen erwachenden Pilgerin unwirsch begrüßt. Die Polin hat gerade eine Horrornacht in Ribadeo hinter sich, wo sie in der winzigen Herberge von marodierenden Jugendbanden um den Schlaf gebracht wurde. Ihre Sorge gilt beim Anblick unserer beiden Unruheherde verständlicherweise ihrem nächtlichen Ruhebedürfnis. Diese Sorge teilten bestimmt auch viele Mitpilger, aber bisher hat sich noch keiner von ihnen zu abfälligen Kommentaren hinreißen lassen. Von den durchgestandenen Ängsten erfahren wir meistens am nächsten Tag, wenn Emilias und Natans nächtliche Zurückhaltung erleichtert gelobt wird.

Die Herberge in einer ehemaligen Schule hat zwar einen kleinen Spielplatz im Garten zu bieten, aber es mangelt leider nicht nur an Duschvorhängen, sondern auch an Kochgeschirr in der ansonsten vorbildlich eingerichteten Küche. Damit sind wir bei der Nahrungssuche auf die Bar „A Curva" angewiesen. Dort werden wir erst einmal Zeuge, wie drei kopflose Hühner fachgerecht von der Wirtin gerupft werden – vor allem Emilia zeigt sich sehr interessiert. Glücklicherweise sind die Hühner nicht für das wieder einmal sehr leckere Pilgermenü bestimmt, das wir wenig später in der netten Gesellschaft eines peruanisch-französischen Pärchens genießen. Die beiden Endvierziger sind erst gestern gestartet und sehen recht mitgenommen aus. Sie, so erfahren wir, musste aufgrund der Wirtschaftskrise gerade ihre Boutique für Kinderkleider in Madrid aufgeben. Auf unserem bisherigen Weg haben wir kaum Anzeichen der Krise ausmachen können und solcherlei weltliche Dinge auch einfach ausgeblendet. Krise hin oder her, wir haben ein Ziel, und die Einheimischen sind immer verdammt nett zu uns. Aber hier blitzt schon der nicht zu ignorierende Gedanke auf, dass das Leben auch nach unserer Ankunft in Santiago, die jetzt schon in fast greifbare Nähe gerückt ist, weitergehen wird, und Alltag, Stress und all das, wovor man geflohen ist, bereits auf diese Rückkehr ins normale Leben lauern.

22. Etappe: 14.08.2012 San Xusto – Gontan

Unsere heutige Etappe bietet Berge satt, der Abschnitt hat das Zeug zu einer Königsetappe. Zunächst einmal fahren wir von der Herberge bergab nach Vilanova de Lourenza und machen neben der schönen, aber leider verschlossenen Kirche Rast. Ein Phänomen, das uns auf dem gesamten Jakobsweg begleitet: Die Kirchen bleiben geschlossen. Das ist insofern schade, weil dadurch der sakrale Aspekt unserer Reise völlig unter die Räder kommt. Seit Bilbao haben wir mangels niederschwelliger Angebote keinen Sakralbau mehr betreten, geschweige denn eine Messe besucht. Es ist zwar nicht so, dass uns deshalb erzkatholische Gewissenbisse plagen (na ja, Ania vielleicht schon ein wenig), aber in dem Punkt hätten wir bei der ansonsten perfekt funktionierenden Pilgerinfrastruktur mehr erwartet. Und die Zeit für weltentrückte kontemplative Meditation ist bei unseren zwei kleinen Chaosmaschinen eher rar. Die trösten uns auf dem angrenzenden Spielplatz mit wilden Figuren an Klettergerüst und Rutschbahn über das verpasste Kulturerlebnis hinweg. Sie haben ihr Pulver bald verschossen und schlafen, als es hinter Mondoñedo ans Eingemachte geht, selig ein. Das schöne Bischofsstädtchen müssen wir leider links liegen lassen, wenn wir es bis zur nächsten Herberge schaffen wollen.

Auf den nachfolgenden 12 Kilometern geht es in dem wunderschönen Tal des Rio Valiñadares stetig bergauf. Außer vereinzelten Mitpilgern sehen wir zwei Stunden lang fast keine Menschenseele. Einzig ein wahnsinniger Autofahrer stört einmal die Idylle: Was den alten Herrn im Jeep dazu gebracht hat, auf der höchstens 3 Meter breiten Straße im Affentempo zwischen uns und einem spanischen Radfahrer, der uns gerade mit Kettenöl ausgeholfen hat, hindurchzubrausen – wir werden es nie erfahren.

In Lousada, dem letzten der malerischen, aber meist schon halb verlassenen Dörfer, beschließen wir, nicht den gelben Pfeilen auf dem vom Regen aufgeweichten Feldweg zu folgen, sondern auf der kleinen Landstraße zu bleiben. Diese bringt uns in einem letzten steilen Kraftakt auf den Bergrücken, wo wir wieder einmal auf die N-634 treffen. Die letzten fünf Kilometer sind dann ein gemütliches Ausfahren, wobei allerdings Wind und Regen sowie Natans Unlust auf den letzten Metern die Gemütlichkeit noch einmal einschränken. Die stellt sich dann aber in der nagelneuen Herberge von Gontan wieder ein. Wir ergattern zwei der letzten Plätze und freuen uns über den großen Aufenthaltsraum mit Bibliothek, die voll ausgestattete Küche und das auch am Wochenende geöffnete Lebensmittelgeschäft in der Dorfbar. Direkt hinter der Herberge können sich Natan und Emilia im kleinen Park mit Spielplatz und Flusslandschaft austoben und das glückliche Ende der Königsetappe feiern.

Nicht nur die hervorragend ausgestattete Herberge ist ein Argument für das Verweilen in Gontan, auch der schön gestaltete Park dahinter macht den Aufenthalt dort angenehm. Neben einem Spiel- und Sportplatz gibt es eine kleine Bachlandschaft mit einem aufgestauten Schwimmbecken.

23. Etappe: 15.08.2012
Gontan – Baamonde

Heute planen wir wieder einmal eine kleine Abweichung vom markierten Jakobsweg, denn der führt mal rechts, mal links der N-634 über mehr oder weniger morastige Wege nach Baamonde. Trotz unserer grundsätzlichen Sympathie für die Nationalstraße ziehen wir ihr die Fahrt auf kleinen Sträßchen durch die flache Terra de Cha vor. „Flach" ist das Wort des Tages, denn nach fast vier Wochen täglicher Klettertouren stellt sich uns heute auf dem Hochplateau kein einziges Hügelchen in den Weg. Leider trübt der kräftige Gegenwind unsere Freude über die Geographie merklich. Passend zu dem grauen Wetter ist es auch mit Natans Laune nicht weit her, denn sein Kopf fühlt sich heute Morgen ein paar Grad zu warm an. Zu allem Überfluss fangen wir uns auch noch den ersten Platten der Reise ein. Der betroffene Reifen gehört zum Anhänger und hält durch wiederholtes Aufpumpen immerhin bis zum Städtchen Cospeito durch. Natan kann so lange nicht warten. Auf den letzten 100 Metern gerät er vor dem Ortseingang völlig aus dem emotionalen Gleichgewicht, was darin endet, dass er die eigentlich zur Beruhigung gedachten Kekse schwallartig erbricht. Böse Erinnerungen an die letzte Magen-Darm-Erkrankung werden wach. Wir schleppen uns bis zur nächsten – und wahrscheinlich einzigen – Bar. Ohne weitere Komplikationen wechsle ich den Schlauch, während Ania Natan rundumerneuert. Wir passen an diesem Sonntag so gut in diese typisch spanische Bar wie ein Spähtrupp vom Mars und werden entsprechend neugierig betrachtet. Außer ein paar Furcht erregend kläffenden Wachhunden will dann glücklicherweise nichts und niemand mehr unsere Fahrt behindern.

Um 13 Uhr sind wir an der Herberge in Baamonde und lassen es gut sein für den heutigen Tag. Die Herberge ist neu und kann es mit ihren 100 Betten locker mit dem jetzt deutlich anschwellenden Pilgerstrom aufnehmen. Wir bekommen einen Platz im weniger dicht belegten Anbau, müssen aber den üblichen Kostenbeitrag von 5 Euro auch für Natan und Emilia berappen. Natan hat den Rest der Fahrt geschlafen und macht auch jetzt keine Anstalten, sich aus der verdienten Ruhe bringen lassen zu wollen. Nach Emilias Mittagsschlaf lassen wir uns aber doch die größte Attraktion des Städtchens nicht entgehen.

Der Bildhauer Victor Corral, dessen Werke auch international Anerkennung finden, hat in seiner Geburtsstadt eine Casa-Museo eingerichtet. Der betagte Herr mit der spärlichen schlohweißen Haarpracht zeigt hier Interessierten sein Lebenswerk, hauptsächlich Skulpturen aus Holz, Stein und Bronze. Wir hören gebannt zu, und es gelingt uns, zumindest die groben Eckdaten seines Schaffens mitzubekommen. Emilia wird schließlich auch von der Muse geküsst: Mit viel Enthusiasmus und Ausdauer fotografiert sie die Statuen und Bildnisse im weitläufigen Garten. Gegen Abend taut dann auch Natan wieder auf, ihn scheint wohl doch kein allzu fieser Virus erwischt zu haben.

24. Etappe: 16.08.2012 Baamonde – Sobrado dos Monxes

Bei unserer Abfahrt im Morgengrauen – es ist 8 Uhr – ist es ziemlich kühl. Der heiße Teil des Sommers ist wohl endgültig vorbei, auch wenn tagsüber meist T-Shirt-Wetter herrscht. Nach 3 Kilometern biegen wir links über die Brücke von San Alberte in eine zauberhafte Waldlandschaft ein. Glücklicherweise führt auch ein kleines Sträßchen parallel zu dem auf steinigem Waldboden verlaufenden Camino. Im nächsten Dorf finden wir dann mit Hilfe eines netten Galiziers, den wir überhaupt nicht verstehen, das Ökohostel Deva Pronatura, um uns schon mal einen Stempel zu besorgen. Für die letzten 100 Kilometer sind angeblich zwei Stempel pro Tag vorgeschrieben, und wir möchten auf Nummer sicher gehen. Doch außer zwei verschlafenen Hippies, die in der vergangenen Nacht das ganze Hostel für sich hatten, ist niemand in Sicht. Also fahren wir weiter auf kleinen Sträßchen Richtung Sobrado dos Monxes.

Die geplante Abkürzung im nächsten Dorf erweist sich aber als Sackgasse, denn wir hören, kaum dass wir uns dem ersten Gehöft nähern, ein herannahendes Bellen, das einem durch Mark und Bein geht und uns zur augenblicklichen Flucht nötigt. Also fahren wir auf der etwas breiteren Straße wieder zurück in den nächsten Ort, wo uns dann ein ziemlich wütender Schäferhund die Durchfahrt versperrt. Wieder drehen wir um und versuchen das zähnefletschende Hindernis zu umfahren. Die würdevolle alte Dame am Wegrand, die wir um Rat fragen, schickt uns allerdings auf dieselbe Straße zurück. „Die Hunde hier sind lieb. Nein, die beißen nicht!“ Sie lacht sich fast schlapp, als wir ihr von dem schrecklichen Wachhund am Ende der Straße berichten. Da es tatsächlich keinen anderen Weg aus dem Dorf hinaus zu geben scheint, fahren wir mit zitternden Knien wieder auf die Stelle zu, an der der Schäferhund uns erwartet hatte. Zum Glück hat ihn die Besitzerin inzwischen angeleint, so dass wir unsere Fahrt um ein paar graue Haare bereichert fortsetzen können. Warum die Leute sich hier in dieser friedlichen Gegend derart scharfe Wachhunde halten, bleibt uns ein Rätsel. Und ob die wirklich nicht beißen, wollen wir lieber nicht herausfinden.

Während der nächsten Kilometer haben wir erst einmal Ruhe, denn es geht ohne Anzeichen von Zivilisation oder Tierhaltung durch eine schöne Heidelandschaft. Nach Passieren des nächsten Dorfes, Mariz, machen wir eine Pause am Wegrand, denn Emilia und Natan sind kaum noch zu halten. Die Pause haben wir auch nötig, denn nun geht es zum höchsten Punkt unseres gesamten Camino auf etwa 650 Meter über dem Meeresspiegel. Ausblick und Wind auf der baumlosen Bergkuppe sind gigantisch, bei der nachfolgenden Abfahrt übernimmt der Gegenwind das Bremsen. Wir erreichen das Kloster von Sobrado dos Monxes gegen 12.30 Uhr gerade noch rechtzeitig, bevor der Hospitalero Don Alfonso die Mittagsruhe ausruft. Die Herberge im Kloster ist ein Erlebnis, und dieses Mal lassen wir uns den Pilgergottesdienst mit Mönchsgesang nicht entgehen.

Das Monasterio Santa Maria de Sobrado wurde im 10. Jahrhundert gegründet und erlebte seine Blütezeit im 13. Jahrhundert als Zisterzienserkloster. Auch heute lebt (wieder) eine Zisterziensergemeinschaft im Kloster. An den Andachten kann man teilnehmen, besonders die Gesänge sorgen für eine feierliche Atmosphäre.

25. Etappe: 17.08.2012 Sobrado dos Monxes – Monte do Gozo

Es ist jetzt morgens wirklich eiskalt. Noch dazu lässt der erste Anstieg zum Warmradeln ungewöhnlich lange, nämlich ganze 3 Kilometer, auf sich warten. Dann sind wir aber richtig in Fahrt – es geht deutlich öfter bergab als bergauf. Die verbleibenden knapp 60 Kilometer bis Santiago fallen einer nach dem anderen. Emilia und Natan verschlafen diesen rasanten Teil der Strecke und wachen erst auf, als wir nach 30 Kilometern bei Santa Irene den Camino Frances erreichen. Der Schock ist dort aber umso größer. Nach vier beschaulichen Wochen einsamen Strampelns auf dem Camino del Norte mit Herbergen für durchschnittlich 30 Pilger geraten wir nun mitten in das Pilgerinferno des Camino Frances, der ein mindestens zehnfach höheres Pilgeraufkommen aufweist. Dicht gedrängt marschiert die Masse immer weiter vorwärts. Man wähnt sich eher in einer zu eng geratenen Fußgängerzone am verkaufsoffenen Sonntag als auf einem beschaulichen Pilgerweg. Emilia hat nach 1,8 Kilometern auf dem noch dazu äußerst holprigen Camino genug und lässt sich wieder kutschieren. Wir haben auch genug vom Ausweichen, Wegklingeln und Durchgeschütteltwerden und weichen auf die Nationalstraße N-547 aus, die es natürlich in punkto Gemütlichkeit nicht mit unserer geliebten N-634 aufnehmen kann. Man merkt erst, was einem fehlt, wenn es nicht mehr da ist.

Gerade als wir im völlig auf Pilger eingestellten O Pedrouzo nach einem Pausenplätzchen Ausschau halten, fällt Anias Blick auf ein Wandererpärchen vor der Casa do Concello (Rathaus), das ein Kind in einem seltsam anmutenden Bollerwagen hinter sich herzieht. Erst nach etwa 200 Metern realisieren wir, dass die drei vielleicht auch auf dem Camino sind. Dann aber drehen wir schnurstracks um und stellen die Verdächtigen zur Rede. Steffi und Johann kommen aus Cottbus und laufen tatsächlich seit 10 Tagen den Camino Frances. Ihre dreijährige Tochter Margareta kann es sich dabei in dem faltbaren Bollerwagen mit Zeltdach bequem machen. Die Low-Budget-Konstruktion hat zwar inzwischen schon mehrere Radbrüche hinter sich, doch die drei lassen sich nicht unterkriegen. Aber wir wissen ja spätestens seit Barfuß-Gregor: Immer, wenn man sich auf dem Camino für besonders originell hält, kommt von irgendwo jemand daher, der noch verrückter ist als man selbst. Emilia und Natan verstehen sich auch gleich prächtig mit Margareta, und wir Erwachsenen haben uns natürlich unglaublich viel zu erzählen, so dass sich unsere Mittagspause bis in den heißen Nachmittag hineinzieht. Wir verabschieden uns schließlich schweren Herzens von unseren Leidensgenossen, denn der Gedanke, ein gemeinsames Tempo zu finden, wäre völlig aussichtslos.

Entschlossen nehmen wir die letzten Anstiege in Angriff, zunächst auf der ungemütlich heißen N-547 zum Flughafen von Santiago, dann über idiotensicher markierte Sträßchen und Waldwege auf den Monte do Gozo. Letzterer ist der Hügel vor den Toren Santiagos, von dem aus man angeblich an guten Tagen schon die Kathedrale von Santiago sehen kann. Heute ist aber in der Ferne beim besten Willen nichts Monumentales zu erkennen. Immerhin können wir gleich auf Anhieb das polnische Pilgerzentrum entdecken. Die im Netz vielfach gelobte familiäre Atmosphäre will sich bei Pater Roman und seiner Truppe zwar nicht einstellen, wir fühlen uns in dieser polnischen Enklave aber doch schnell heimisch. Besonders als später Steffi, Johann und Margareta aufkreuzen, um auf dem Herbergsgelände ihr Zelt aufzuschlagen. Emilia freut sich riesig darüber, ihre Spielkameradin wiederzusehen – immerhin bietet sich ihr nach fast vier Wochen wieder einmal die Gelegenheit, mit Gleichaltrigen zu spielen. Die beiden toben wild durchs weitläufige Gelände und machen so weit wie möglich die Gegend unsicher. Wir Erwachsenen setzen unsere Schauergeschichten vom Camino bei leckerer Pilgersuppe und unglaublich günstigem Rotwein bis in die späten Abendstunden fort.

26. Etappe: 18.08.2012 Monte do Gozo – Santiago de Compostela

Heute ist es also so weit, heute sind wir fällig. Der Tag beginnt mit dem traurigen Abschied von Margareta und ihren Eltern. Die drei wollen es noch zur Pilgermesse um 11 Uhr nach Santiago schaffen, was mit unseren Schlafmützen nicht zu machen ist. Wir können die Ankunft zwar kaum erwarten, andererseits ist aber heute auch der Tag des Abschieds vom Camino. Vier harte Wochen Pilgerleben gehen endgültig zu Ende, da wird man schon einmal sentimental. Emilia setzt sich ein letztes Mal auf ihr Fahrrad und radelt immerhin bis zum Ortsschild von Santiago. Auf dem Weg zur Innenstadt machen wir bereits die Unterkunft für die Nacht klar und können dann ganz entspannt zur Kathedrale ausrollen. Nach einer hübschen Irrfahrt über die Umleitung für Fahrradpilger über steiles Kopfsteinpflaster sind wir endlich da!

Die Catedral de Santiago de Compostela ist wirklich beeindruckend. Und überall Pilger – abgekämpfte, fröhliche, erschöpfte, erholte, melancholisch dreinblickende, neu geborene Pilger. Wir kämpfen uns durch die Schlange im Pilgerbüro und erhalten unsere Pilgerurkunde ohne fiese Fragen zu unseren Schummeleien oder nach dem zweiten täglichen Stempel. Wir haben es tatsächlich geschafft. 874 Kilometer auf dem Camino mit dem mit etwa 60 Kilo beladenen Anhänger – wobei die 39 Kilometer, die Emilia selbst gefahren ist, zugegebenermaßen leichter ausgefallen sind. Das Ganze aufgeteilt in 26 Etappen ergibt einen Schnitt von 33 Kilometern am Tag. Damit kommen wir auf 27 Übernachtungen, davon 16 Mal in Herbergsschlafsälen, 11 Mal hatten wir ein Zimmer für uns. Wir haben uns die Bäuche mit 11 Pilgermenüs vollgeschlagen, aber trotzdem insgesamt 10 Kilo an Gewicht verloren. Wir haben das Leben auf der Straße kennengelernt, das spanische Gesundheitswesen und viele, viele unglaublich freundliche, hilfsbereite, interessante, liebenswerte Menschen.

Pilger-To-do's nach der Ankunft in Santiago (Reihenfolge beliebig):

➜ *Foto auf der Praza do Obradoiro vor der Kathedrale (vorzugsweise in triumphierender Pose)*
➜ *Besichtigung der Kathedrale inklusive Umarmung der Jakobusfigur im Altarraum*
➜ *Pilgerurkunde (Compostela) im Pilgerbüro ausstellen lassen*
➜ *Besuch einer Pilgermesse mit Weihrauch (täglich um 12 Uhr, an hohen Feiertagen mit dem 160 Zentimeter großen Weihrauchfass Botafumeiro)*
➜ *fakultativ: Fahrt oder gar Weiterpilgern nach Finisterre und/oder Muxia; sich dabei in Finisterre – am Ende der Welt – dem alten Pilgerritual unterziehen: im Meer baden, seine Kleider verbrennen und den Sonnenuntergang beobachten, um am nächsten Tag als neuer Mensch geboren zu werden.*

Nachspiel

18.08.2012 – 22.08.2012
Santiago de Compostela

Wer bis zur Abreise noch ein paar Tage Zeit hat, kann sich unters Touristenvolk mischen und Santiago und seine Umgebung erkunden. Ausführliche Informationen auch zu Unterkünften und Aktivitäten mit Kindern gibt es bei www.santiagoturismo.com.

Bis zu unserer Abreise haben wir noch fünf Tage Zeit zum Entspannen. Wir sind vor allem auf den letzten Etappen viel schneller vorangekommen als erwartet. Mit der neuen Freiheit, keinen einzigen Kilometer mehr zurücklegen zu müssen, können wir zunächst jedoch überhaupt nichts anfangen. Wir haben uns eigentlich ganz gut in der einfachen Pilgerwelt mit geregeltem Tagesablauf eingerichtet. Aufstehen, Fahrrad beladen,

Frühstückspause, Mittagspause, Ankommen in der Herberge, Schlafplatz herrichten, duschen, Wäsche waschen, Pilgermenü, schlafen. Daneben die Kinder versorgen und bespaßen und Pilgerbekanntschaften pflegen. Langweilig wurde es dabei nie – wir hätten sicherlich noch wochenlang weiter vor uns hinpilgern können. Körperlich völlig verausgabt, aber den Kopf frei und über den Wolken. Alltag, Arbeit, Politik, Geld und Stress waren ganz, ganz weit abgedrängt. Nur der nicht enden wollende Weg lag vor uns. Der ist nun aber endgültig bewältigt, und so muss unser vorheriges Leben wieder auf uns einstürzen.

Noch dazu müssen wir unsere Rückreise organisieren. Zwar haben wir die Zugverbindung von Hendaye an der spanisch-französischen Grenze nach Karlsruhe schon gebucht, aber dort müssen wir erst einmal hinkommen. Die spanische Bahn ist leider immer noch unfähig, größeres Gepäck zu transportieren. Fahrräder sind von vornherein ausgeschlossen, aber selbst artig verpackt, wie wir es auf der Hinreise im TGV gemacht haben, übersteigen sie das enge spanische Koffermaß deutlich. Bei den meisten Busgesellschaften wäre die Fahrradmitnahme kein Problem, aber wir trauen uns bei Natans unruhigem Schlaf noch keine Übernachtfahrt zu. Uns bleibt nur die Möglichkeit, die Fahrräder nach Hause zu senden, also klappern wir die einzelnen Anbieter der Reihe nach ab. Da wir nicht die einzigen Radpilger mit diesem kleinen Transportproblem sind, haben sich einige Firmen auf den Fahrradversand spezialisiert. Nach drei Tagen ausgiebiger Recherchen und zäher Verhandlungen sind Räder und Anhänger dann für schlappe 255 Euro versandfertig verpackt. Uns steht der Sinn nach Entspannung und Regeneration. Die sind jedoch schwerer zu erreichen als gedacht. Das Angebot in der kleinen Großstadt Santiago mit ihren knapp 100.000 Einwohnern überfordert uns. Jeden Morgen stellt sich uns die unangenehme Frage, wie wir den Tag ausfüllen wollen. Immerhin sind gerade Semesterferien, so dass von den 40.000 Studenten kaum etwas zu sehen ist. Die Lücke schließen die Touristen und Pilger (das lässt sich jetzt nicht mehr unterscheiden) aus aller Herren Länder.

Auch wir erledigen das übliche Touristen-/Pilgerprogramm und ergattern einen Stehplatz in der völlig überfüllten Pilgermesse. Den 60 Kilo schweren Weihrauchkessel Botafumeiro, der zuletzt an Mariä Himmelfahrt zum Einsatz kam, haben wir leider verpasst, aber auch sein kleiner Bruder macht ordentlich Dampf. Von der auf Spanisch und Französisch gehaltenen Messe kriegen wir hinter der Säule wenig mit, zu allem Überfluss muss Ania mit Natan auch noch zum Frischmachen nach draußen, denn der macht ausgerechnet jetzt dem Weihrauch mit seiner Windel kräftig Konkurrenz. Danach versperren Ordner und die Wartenden aus der langen Schlange von angeblichen Pilgern, die noch Einlass begehren, Ania den Weg zurück in die Messe. Hier zählen weder unser Babybonus noch die Tatsache, dass Ania ja schon einen Platz an der Sonne innegehabt hat. Hier gilt das Faustrecht, und um Haaresbreite wäre Ania tatsächlich in eine handgreifliche Auseinandersetzung mit einer besonders auf ihr Recht pochenden Pseudokatholikin geraten. Glücklicherweise erlaubt ihr der hilflos überforderte Ordner in diesem Moment, mich und Emilia aus der Messe zu holen, und verhindert damit Schlimmeres. Eilig flüchten wir aus dem Getümmel. Dann verbraten wir erst einmal unser Geld mit Bioessen – Studentenstädte sind doch überall gleich – und versuchen, so gut es geht, große Menschenansammlungen und Touristennepp zu meiden. Aber auch unser Ausflug zum Schwimmbad wird zum Fiasko. Zuerst landen wir in einem für Kinder völlig ungeeigneten Sportbad, dann will uns kein Bus, der auch nur annähernd in Richtung Freibad fährt, mitnehmen. Nach einer Stunde sinnlosen Wartens habe ich die Schnauze voll und renne ohne Rücksicht auf Verluste von der zentral gelegenen Praza de Galicia los. Das Freibad befindet sich noch soeben auf unserem Stadtplan, sollte also eigentlich gut zu Fuß zu erreichen sein, denke ich. Ania und die Kids sind da anderer Meinung, können aber momentan ihrer Stimme kein Gehör verschaffen. Die Stimmung ist auf dem Nullpunkt, doch immerhin erreichen wir nach einer Dreiviertelstunde in der sengenden Nachmittagssonne das Freibad. Natan und Emilia sind erst einmal glücklich und sehen in ihren geliehenen Badekappen (die sind hier Pflicht!) einfach umwerfend aus. Natürlich schieben sich, kaum dass wir im Wasser sind, dicke Wolken zwischen uns und die Sonne. Aber mit Eis, Schokolade und wildem Geplantsche lässt es sich trotzdem gut aushalten. Die Wolken verziehen sich wieder, als wir uns nach zwei Stunden auf den Weg zurück in unsere Herberge machen.

Wir sind inzwischen in die urige, esoterisch eingerichtete Herberge „Aquario“ umgezogen. Die

Begegnungen mit Pilgern, die wir in den Altstadtgassen wiedertreffen, sind kurz, herzlich und ein wenig wehmütig. Sehr gern hätten wir auch Sheela, Gosia und Tomasz oder Tina noch einmal gesehen, aber leider haben sich unsere Wege nicht mehr gekreuzt. Wir ziehen erneut um, denn für unsere letzte Nacht hatte ich bereits ein Privatzimmer in der kleinen Pension La Bruja (Die Hexe) reserviert. Nachdem wir alle Souvenirs beisammen haben und uns bei einem überwiegend gelungenen Ausflug nach A Coruña vom Meer verabschieden konnten, tanken wir dort noch einmal auf, um für die Rückreise gewappnet zu sein.

22.08.2012 – 23.08.2012
Santiago de Compostela – Karlsruhe

Die Rückreise hat es noch einmal in sich: Die Fahrzeit von Santiago nach Hendaye reduziert sich zwar dank der Erfindung der Eisenbahn auf 11 Stunden, die wollen aber auch auf den engen Sitzen – Sitzplätze für die Kinder waren uns zu teuer – ausgefüllt werden. Spät abends erreichen wir die teure Herberge von Hendaye und fallen nach einer Pizza und ein paar Runden auf dem Dorfplatz todmüde ins Bett. Am nächsten Morgen geht es vor Sonnenaufgang weiter nach Paris. Dort verbleiben uns 4 Stunden bis zur Weiterfahrt, und wir nutzen die Zeit für einen kleinen Stadtrundgang. Besonders beeindruckend sind wieder die Maschinengewehre der Soldaten, die bei allen größeren Sehenswürdigkeiten zwischen den Touristenströmen herumstolzieren. Im Eiltempo rasen wir an Eiffelturm, Notre Dame und Centre Pompidou vorbei zum Gare de l'Est, wo wir unseren letzten Zug besteigen. Die Zeit will gar nicht vergehen, doch schließlich begrüßt uns Karlsruhe mit einem ordentlichen Regenguss. Wir sind froh, wieder daheim zu sein.

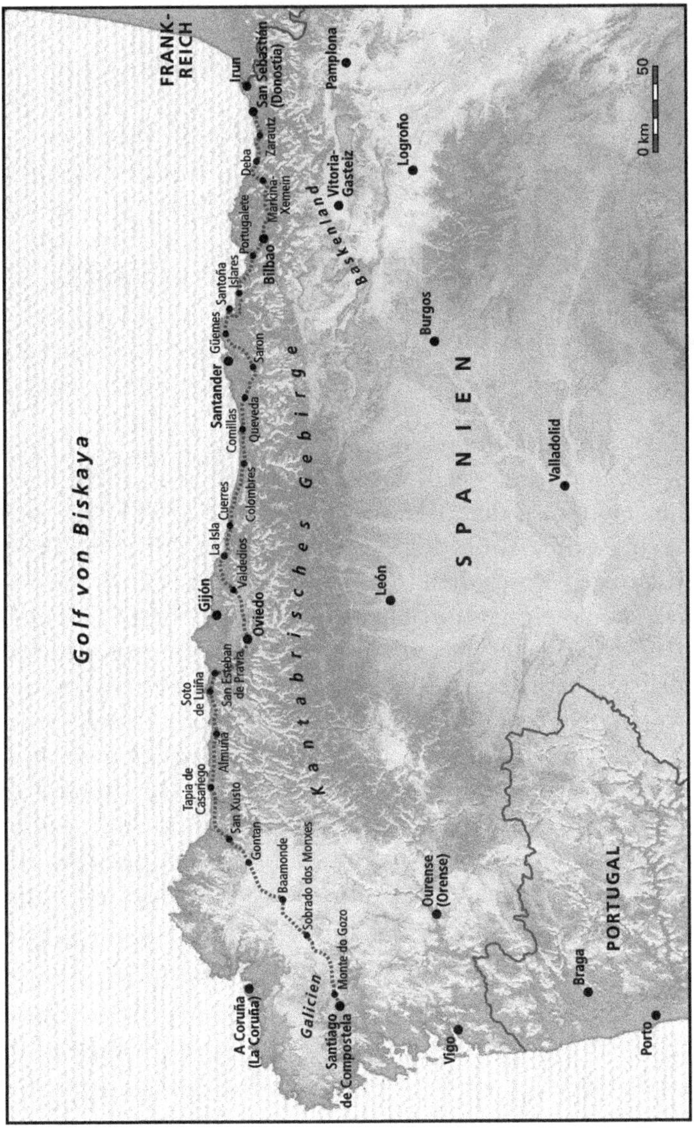

Golf von Biskaya
FRANK-
REICH
Irun
San Sebastián
(Donostia)
Zarautz
Deba
Markina-
Xemein
Portugalete
Bilbao
Islares
Santoña
Güemes
Santander
Saron
Queveda
Comillas
Colombres
Cuerres
La Isla
Valdedios
Gijón
Oviedo
San Esteban
de Pravia
Soto
de Luiña
Almuña
Tapia de
Casariego
San Xusto
Gontan
Baamonde
Sobrado dos Monxes
Monte do Gozo
Santiago
de Compostela
A Coruña
(La Coruña)
Galicien
Vigo
Ourense
(Orense)
Kantabrisches Gebirge
Baskenland
Vitoria-
Gasteiz
Pamplona
Logroño
Burgos
León
Valladolid
SPANIEN
PORTUGAL
Braga
Porto
0 km
50

Wegverlauf

1. Etappe: San Sabastian – Zarautz (22 Kilometer)

Der Strandpromenade Paseo de La Concha folgen wir bis an das westliche Ende der Muschelbucht, dort hat man an der T-Kreuzung die Möglichkeit, nach rechts zur Zahnradbahn (Funikular) oder nach links Richtung Monte Igeldo abzubiegen. Die Zahnradbahn ist sicher eine gute Alternative, wenn man sich den Aufstieg ersparen will, und sie soll laut nicht überprüften Angaben auf der Homepage auch Fahrräder transportieren. Wer's schweißtreibender mag oder in der Jugendherberge Ondarreta übernachten will, muss sich hier allerdings links halten. Der markierte Jakobsweg zweigt nach 150 Metern nach rechts auf die Marbil Bidea ab. Als Fahrradfahrer bleiben wir aber auf der Igeldo Pasealekua, denn der Jakobsweg erklimmt den Monte Igeldo über Fuß- und Treppenwege. Nach weiteren 150 Metern ist die Herberge Ondarreta, ein großes rosa Fachwerkhaus, erreicht.

Weiter geht es an der Herberge vorbei hinauf. Nach 1,5 Kilometern Anstieg auf den Igeldo Pasealekua trifft man bei dem Schild „Leku Eder“ (Hotel) wieder auf den Jakobsweg, rechts geht es an dieser Stelle zum Vergnügungspark (Parque de Atracciones Monte Igueldo), wo auch die Zahnradbahn endet. An besagtem Schild der Straße bis zum Restaurante Buenavista folgen, hier kann man entweder der Einfachheit halber auf der Hauptstraße bleiben (diese wird zur später beschriebenen Padre Orkolaga Ibibidea) oder den gelben Pfeilen nach rechts folgen. Der gut markierte Weg führt mit herrlichen Ausblicken gemütlich durch Dörfer bzw. vorbei an einzelnen Höfen. Man gelangt schließlich nach etwa 3 Kilometern zur Bar Asador Nikolas und nach weiteren 500 Metern an eine Weggabelung mit drei Möglichkeiten: Der markierte Jakobsweg verläuft auf dem mittleren Weg, wir nehmen aber den linken – die letzte Chance für Fahrradfahrer, heil herauszukommen. Denn nach weiteren 500 Metern endet der Jakobsweg, so scheint es, im Gebüsch. Tatsächlich verläuft er auf kleinen Trampelpfaden, die aber ein Mountainbike sowie großes Geschick erfordern. Auf dem genannten fahrbaren Weg, der Txalin Bidea, gelangt man nach einem Kilometer Achterbahnfahrt (meist aufwärts) zur Landstraße Padre Orkolaga Ibibidea. Dieser sollte man nach rechts folgen, sie schlängelt sich hinauf bis auf 340 Meter über dem Meeresspiegel. Nach etwa einem Kilometer ist der höchste Punkt erreicht, dann geht es zuerst auf recht ebener Strecke, bald steil hinunter bis zum Kreisverkehr an der Autobahn vor Orio (7 Kilometer). Beim Kreisverkehr biegen wir Richtung N-634 und Orio/Zarautz ab. Hinter der Autobahnunterführung halten wir uns gleich rechts (San Martin Baseliza) und fahren steil nach oben. Ab hier ist der Camino wieder ausgeschildert. Nach einem guten Kilometer ist Orio erreicht, und es geht durch die halsbrecherisch steilen Sträßchen abwärts zur Ria. Wir folgen den gelben Pfeilen über die Brücke und passieren entlang der N-34 eine zweite Brücke über ein kleines Flüsschen, das hier in die Ria mündet. Bevor es erneut steil wird (ein Schild kündigt 7 Prozent Steigung an), biegen wir hinter dieser Brücke gleich nach rechts ab (Portua/Txurruka) und fahren 1,2 Kilometer die Ria entlang, unter der Autobahn hindurch bis zu einem Ausflugsplatz mit Sandstrand. Hier geht es gelb markiert nach links zum letzten Anstieg des Tages auf etwa 100 Meter über dem Meeresspiegel und wieder hinunter nach Zarautz. Wir fahren dort am Kreisverkehr nach rechts auf die Hauptstraße, auf dieser hinter der zweiten Ampel in die C/Zinkunegi und schließlich nach 200 Metern (wenn der Strand schon in Sichtweite ist) links auf die C/Zumalakarregi – auf dieser befindet sich nach 70 Metern linker Hand die Herberge.

2. Etappe: Zarautz – Deba (29 Kilometer)

Wir fahren auf der Hauptstraße hinaus aus Zarautz Richtung Westen. Wir hätten darauf achten sollen, noch vor der kleinen Brücke mit Zinnen auf den Fuß-/Radweg auf der rechten Seite zu wechseln. Auf der engen Straße, die ab hier wieder N-634 heißt, ist zwischen den Autos und der Leitplanke nur wenig Platz. Glücklicherweise ergibt sich nach einigen Hundert Metern noch eine Gelegenheit, und so können wir die nächsten 3,5 Kilometer bis Getaria auf der ruhigen Seite der Leitplanke genießen. Das war es dann aber auch schon mit Wohltaten bei der Streckenführung. In Getaria folgen wir am Restaurant Elkano den gelben Pfeilen nach links, die uns kurze Zeit später auf 130 atemberaubenden Metern Kopfsteinpflaster nach oben führen. Hier müssen wir zum ersten Mal zu zweit den Anhänger mit den Kindern schieben, um überhaupt vom Fleck zu kommen. Oben angekommen wird es nicht angenehmer – die nächsten 650 Meter verläuft der Jakobsweg auf einem steinigen und unebenen Feldweg, der ein rasches Vorankommen unmöglich macht. Umso mehr freuen wir uns, als wir die kleine Landstraße (GI-3392) nach Askizu erreichen. Auf ihr gelangen wir nach 1,5 Kilometern zum Dorfplatz vor der kleinen Iglesia de San Martin aus dem 16. Jahrhundert. Den gelben Pfeil nach links auf halber Strecke kann man getrost ignorieren, denn diese Abkürzung ist kaum kürzer, dafür aber umso steiler. Als Alternative zum wenig radtauglichen Aufstieg nach Askizu bietet es sich an, am Restaurant Elkano in Getaria rechts vorbeizufahren, noch einen Kilometer auf der N-634 zu bleiben und dann nach links auf die GI-3392 nach Askizu (Askizuko Aterpetxea) abzubiegen. Nach 600 Metern trifft der Jakobsweg, vom Feldweg kommend, auf die Landstraße.

Die nächsten 2 Kilometer auf dem markierten Weg hinunter nach Zumaia haben es wieder in sich. Der Belag des Feldweges ist zwar fahrradtauglicher als zuvor, allerdings braucht man schon sehr gute Bremsen, so steil und abschüssig geht es bergab. Die herrliche Aussicht unterwegs entschädigt für einiges. Am Strand und der schönen Promenade entlang fahren wir ins Zentrum von Zumaia. In den engen Kopfsteinpflasterstraßen muss man gut auf die gelben Pfeile achten und dazu ordentlich in die Pedale treten, denn es geht mächtig bergauf. Am Ortsausgang erschwert uns eine Treppe die Weiterfahrt. Mühsam schleppen wir Räder, Anhänger und Kinder die etwa 60 Stufen nach oben. Ersparen kann man sich diese Tortur, indem man beim Eroski-Supermarkt vor der großen weißen Kirche nicht mit dem Jakobsweg nach rechts abbiegt, sondern der Straße (San Jose Kalea) geradeaus folgt. Sie schlängelt sich zum Friedhof hinauf (650 Meter), wohin auch besagte Treppe führt. Wir folgen dem kleinen Sträßchen und den gelben Pfeilen 1,5 Kilometer stetig bergauf (130 Meter über dem Meeresspiegel). Dann ist Schluss mit lustig und Asphalt. Auf den nächsten 1,2 Kilometern ist der Weg ausgesprochen steinig und teilweise sehr steil. Glücklicherweise haben wir einen Tag mit hohem Pilger- und Wandereraufkommen erwischt, denn ohne tatkräftige Unterstützung wäre dieses Stück nicht zu schaffen. Völlig erschöpft erreichen wir das Picknickgelände von Elorriaga (200 Meter über dem Meeresspiegel), von dem man eine herrliche Aussicht hat. Jetzt geht es im Schuss 1,8 Kilometer hinunter durch das Dorf Elorriaga zur N-634 (120 Meter über dem Meeresspiegel). Dort unternehmen wir einen letzten heroischen Versuch, den Jakobsweg originalgetreu nachzupilgern. Nach einem zwanzigprozentigen Anstieg, der uns eine halbe Stunde lang beschäftigt, zweigt der Weg nach rechts ab. Er führt durch ein wieder zu verschließendes

Gatter an einer Schafherde vorbei in eine unüberwindbare Sumpflandschaft. Vielleicht wäre ein Durchkommen mit einem Mountainbike und weniger Gepäck (keine Kinder!) in der Trockenzeit möglich gewesen, doch wir müssen hier umkehren. Die 4,2 Kilometer auf der N-634 bis Itziar (225 Meter über dem Meeresspiegel) sind zwar nicht schön, aber trotzdem eine Erholung gegenüber dem bisherigen Wegverlauf.

Wir bleiben auf der N-634 und rollen bei einem erträglichen Verkehrsaufkommen und meist ausreichendem Seitenstreifen hinunter bis ins Stadtzentrum von Deba (5 Kilometer). Dort steuern wir die Touristeninformation an, wo man in die Herberge einchecken muss. Im Nachhinein betrachtet wäre der Jakobsweg auf der Strecke von Itziar nach Deba die schönere Alternative gewesen. Der führt von der ersten Straßenkreuzung in Itziar zunächst hinauf durch den Ortskern. Dann verläuft er auf einem kleinen Asphaltsträßchen mal mit atemberaubender Aussicht, mal unter tunnelartigem Gestrüpp nach Deba (4,5 Kilometer). Das Erste, was man unterwegs von Deba sieht, ist ein bunkerähnliches Gebäude mit zwei gelben Pfeilen, die in entgegengesetzte Richtungen zeigen. Folgt man dem rechten, so gelangt man über einen schmalen Pfad und eine Treppe direkt zur Herberge, in der man sein Gepäck zwischenlagern kann, bevor man zur Touristeninformation stapft. Der Weg zwischen dieser und der Herberge verläuft über zwei Aufzüge, die einen sanft hinunter- (oder hinauf-)tragen.

3. Etappe: Deba – Markina-Xemein (24 Kilometer)

In Deba überqueren wir nördlich vom Bahnhof die Bahngleise, fahren dann auf der Uferpromenade 50 Meter zurück und queren schließlich die Brücke über die Ria. Hinter der Brücke biegen wir nach rechts auf die GI-638 nach Mutriku (4 Kilometer, schmaler Seitenstreifen). In Mutriku bleiben wir auf der Hauptstraße und fahren auch beim Kreisverkehr bei der Kirche geradeaus. Die Straße führt bergan. 300 Meter hinter dem Kreisverkehr biegen wir am Ortsausgang rechts ab (Richtung Galdonamendi) und gelangen auf der GI-656 zunächst zu einem Campingplatz (nach 1,3 Kilometern, 180 Meter über dem Meeresspiegel). Dann geht es wieder hinunter zur GI-638 (1,7 Kilometer), auf der wir nach rechts bis Ondarroa fahren (2 Kilometer). Wer es ohne Anstieg mag, kann in Mutriku auf der etwas ungemütlichen GI-638 bleiben. In Ondarroa fahren wir trotz der Warnung anderer Radpilger vor dem hohen Verkehrsaufkommen auf die BI-633 und folgen ihr bis Markina-Xemein (10 Kilometer). Während der ersten Kilometer verläuft die Straße zweispurig, danach wird sie tatsächlich etwas eng, jedoch hält sich der Verkehr in Grenzen. Die Herberge befindet sich im Zentrum von Markina in einem ehemaligen Kloster.

4. Etappe: Markina-Xemein – Portugalete (41 Kilometer)

Wir verlassen Markina-Xemein Richtung Süden und nehmen am Kreisverkehr die BI-633 Richtung Durango. Nach 2,4 Kilometern biegen wir rechts ab. Nach weiteren 2 Kilometern beginnt in Bolibar auf dem idyllischen Landsträßchen BI-2224 der Anstieg zum Gontzagarigana-Pass (365 Meter über dem Meeresspiegel), und anschließend geht es wieder hinunter nach Munitibar (9 Kilometer). Wir bleiben auf der Straße, die bis Gernika nur noch zwei kleinere Anstiege zu bieten hat (13 Kilometer). Am Stadtrand von Gernika geht es am Kreisverkehr geradeaus unter der BI-635 hindurch und immer weiter bis ins Stadtzentrum (1,2 Kilometer). Zum Bahnhof biegen wir nach Überqueren von Fluss und Bahngleisen nach links ab (dann noch 300 Meter). Hier nehmen wir das großzügige Angebot der baskischen Bahn, unsere Fahrräder nach Bilbao zu transportieren, mit Freuden an. Die Fahrt dauert etwa eine halbe Stunde und erspart uns außer etlichen Höhenmetern auch die Einfahrt nach Bilbao mit höllischem Verkehrsaufkommen. Atxuri, der Endbahnhof der baskischen Bahn in Bilbao, liegt am Rande der Altstadt. Die lohnt sicherlich einen kleinen Bummel, bevor man sich zur Ria durchschlägt und ihr Richtung Meer folgt. Nach etwa 2 Kilometern auf der Uferpromenade erreichen wir das Guggenheimmuseum auf der linken Seite des Flusses. Wir fahren weiter am Fluss entlang und wechseln nach 1,2 Kilometern auf der dritten Brücke – die für Fußgänger und Fahrradfahrer überdachte Euskalduna Zubia – auf die rechte Seite.

Gleich hinter der Brücke machen wir mit der Straße eine 180-Grad-Wendung und überqueren die Straße an der Fußgängerampel. Auf der anderen Seite setzen wir unsere Fahrt auf dem Fahrradweg der Iruna Kalea fort. Nach 400 Metern biegen wir kurz hinter der Metrostation Deusto auf die Aguirre Lehendakari Hiribidea, die erfreulicherweise ebenfalls über einen Fahrradweg verfügt. Den kann man noch 2 weitere Kilometer bis zu der Stelle genießen, wo die inzwischen zur einspurigen Einbahnstraße verkümmerte Allee nach rechts führt. Über einen kleinen Platz mit Skulpturen gelangen wir schließlich zur Ausfallstraße an der Ria, die zuächst Elorrieta Erribera heißt. Hier ist Schluss mit lustig, denn nun geht es durch die alte Industrielandschaft 7 Kilometer bis nach Portugalete. Der Anblick der spektakulären Hängebrücke von Portugalete ist eine Erlösung – auf ihr setzen wir auf die andere Seite über, wo es nur noch wenige Meter bis zur städtischen Herberge sind. Zunächst nach links, d. h. die Ria zurück, dann die nächste Straße nach rechts und schließlich die folgende Querstraße schräg überqueren. Auf der Casilda Iturrizar Kalea führen Laufbänder (!) nach oben. Die Herberge ist das Gebäude gegenüber der Kirche.

5. Etappe: Portugalete – Islares (46 Kilometer)

In Portugalete suchen wir den viel gepriesenen, 10 Kilometer langen Fahrradweg zur Küste. Dafür folgen wir der Casilda Iturrizar Kalea weiter hinauf, überqueren die General Castaños Kalea an der Ampelanlage und setzen unseren Weg auf der vierspurigen Carlos VII Hiribidea fort. Nach 300 Metern passieren wir einen Kreisverkehr und eine Metrostation (Portugalete), dann ist der Anstieg geschafft. Nach weiteren 300 Metern sehen wir rechts einen Spielplatz und gleich darauf einen großen Kreisverkehr, an dem der knallrot gestrichene Radweg beginnt. Eine atemberaubende Konstruktion führt über die Autobahn, und auch sonst erinnert der Radweg mit seinen Warn- und Hinweisschildern sowie den eingestreuten Rastplätzen sehr an eine Autobahn. Die ersten 5 Kilometer bis Sanfuentes geht es meist bergauf bis auf etwa 100 Meter über dem Meeresspiegel, dann wieder abwärts zum Strand von La Arena. Kurz vor unserer Anreise ist allerdings die kleine, blaue Brücke, die den Strand mit dem Dorf Pobeña verbindet, zusammengebrochen, so dass wir einen provisorisch markierten Umweg einschlagen müssen. Falls die Umleitung immer noch besteht oder die neue Brücke nicht vertrauenswürdig erscheint, empfiehlt es sich, kurz vor dem Strand von La Arena den Jakobsweg-Abzweig nach links einzuschlagen. Bei der nächsten T-Kreuzung geht es ebenfalls nach links auf dem Fahrradweg weiter zwischen Industrieanlagen und unter der Autobahn hindurch. Dann biegt der Jakobsweg nach rechts in die Autobahnzufahrt ab (E 70 von Bilbao nach Santander). Für Fußpilger bietet sich nach 50 Metern hinter der Brücke die Möglichkeit, über eine Treppe zur soeben unterquerten Straße zu gelangen, die nach Pobeña führt. Als Fahrradfahrer bleibt man einfach auf dem Autobahnzubringer, denn kurz vor der Autobahnauffahrt gibt es doch noch die

Möglichkeit, auf ein kleineres Sträßchen nach Pobeña zu wechseln (1,5 Kilometer, ausgeschildert). Vom Zentrum des Dörfchens aus nehmen wir die kleine Landstraße nach El Covaron (Kobaron). Der Jakobsweg führt von der Ermita de la Virgen de Socorro (von La Arena aus kommend gleich hinter der Brücke) über einen Treppenpfad direkt zur Küste, was mit dem Fahrrad und vor allem dem Anhänger doch etwas beschwerlich gewesen wäre. Nach unserem 2,5 Kilometer langen Anstieg auf mehr als 100 Meter über dem Meeresspiegel vor El Covaron und einer scharfen Rechtskehre am dortigen Kreisverkehr erreichen wir aber ebenfalls den kleinen asphaltierten Küstenpfad. Es ist die Via Verde El Piquillo, eine ehemalige Bahntrasse, die sich mit atemberaubenden Ausblicken noch 2,5 Kilometer an der Küste entlangschlängelt. Am Ende der Via Verde, ein Parkplatz mit Blick auf eine hässliche Industrieanlage auf einer weiter westlich gelegenen Landspitze, folgen wir den gelben Pfeilen auf eine kleine Asphaltstraße. Wir bleiben dieser auch hinter der Autobahnbrücke (trotz anders weisender gelber Pfeile) auf einer Strecke von 650 Metern bis zur N-634 treu. Dann fahren wir rechts hinunter in das Dorf Onton, wo wir bei dem Hinweisschild Baltezana/Otañes auf die CA-523 wechseln. Der Jakobsweg kreuzt die sehr holprige Straße mehrfach, verläuft aber dazwischen meist auf ebenso holprigeren Pfaden und Waldwegen. Die kaum befahrene CA-523 bringt uns nach gemütlichem Beginn, insgesamt 5 Haarnadelkurven und 4 Kilometern zum höchsten Punkt unserer heutigen Etappe, dem Alto de Helguera (254 Meter über dem Meeresspiegel). Vorsicht, gleich hinter dem Pass biegt die CA-523 nach rechts ab, während es geradeaus ins Dörfchen Talledo geht (wo wir nicht hinwollen). Die Hinweisschilder sind etwas verwittert und bei der rasanten Fahrt nicht zu entziffern. Nach 1,8 weiteren Kilometern Schussfahrt sollte man ebenfalls die Augen offen halten, denn kurz nachdem die Straße in einer Haarnadellinkskurve einen kleinen Waldweg überquert hat, deutet ein gelber Pfeil nach links an, dass man auf eben diesem Waldweg weiterfahren soll. Dieser ist eine weitere ehemalige Bahntrasse, die Via Verde Traslaviña. Sie führt stetig bergab am ehemaligen Bahnhof von Otañes vorbei, und scheint nach 3,5 Kilometern in Santullan, einer Kleinstadt mit riesigem Steinbruch, zu enden. Der Jakobsweg schwenkt hier auch nach links Richtung Samano. Es gibt aber noch ein weiteres Stück Bahntrasse, das durch den Tunnel von Mioño bis zum Stadtrand von Castro Urdiales reicht. Hierzu fahren wir in Santullan nach Erreichen der Hauptstraße (mit Betonmauer) auf dieser nach rechts, unterqueren die Autobahn und halten uns noch vor den ersten Häusern des nächsten Dorfes links. Auf einem kleinen Sträßchen am Dorfrand, das auf der ehemaligen Bahnstrecke verläuft, kommen wir am einstigen Bahnhof von Mioño gegenüber vom heutigen Sportplatz vorbei und gelangen zum Tunnel. Dieser ist 400 Meter lang und für Radfahrer und Fußgänger beleuchtet. Nach Passieren des Tunnels sind wir schon am Stadtrand von Castro-Urdiales, biegen bei den ersten Häusern rechts ab und kommen nach 250 Metern bei einer Tankstelle zur N-634. Dieser folgen wir rechts und verlassen sie gleich wieder linkerhand Richtung centro urbano/playa. Der Strand kommt nach 700 Metern in

Sicht, das Zentrum mit pittoreskem Hafen nach weiteren 1,1 Kilometern. Die Strandpromenade verlassen wir hinter der Touristeninformation, indem wir links abbiegen und nach 230 Metern bei der Ampel rechts auf die N-634 fahren. Dieser folgen wir auf einer Strecke von 1,2 Kilometern bis zur Stierkampfarena, hinter der sich die städtische Herberge befindet. Wir bleiben bis Islares noch weitere 6,6 Kilometer auf der N-634, was bei dem geringen Verkehrsaufkommen aufgrund der parallel verlaufenden Autobahn, dem relativ (!) flachen Verlauf und dem breiten Seitenstreifen kein Problem darstellt. Die kleine Herberge in Islares befindet sich direkt hinter der Kirche des Dorfes.

6. Etappe: Islares – Santoña (25 Kilometer)

Wir fahren zunächst wieder auf der N-634 Richtung Laredo, die aufgrund der nahen Autobahn kaum befahren ist. Nach 4,5 Kilometern geht es nach Passieren der Brücke in Pontarron steil nach oben. 2,4 Kilometer weiter ist der Großteil des Anstiegs bis auf eine Höhe von 150 Metern über dem Meeresspiegel geschafft. Die letzten 3,5 Kilometer bis Liendo verlaufen ohne größere Steigungen, am Ende wartet sogar eine Schussfahrt. In Liendo gönnen wir uns eine Verschnaufpause von der N-634 und biegen bei der ersten Gelegenheit nach links Richtung Seña/Limpias ab. Wir bleiben auf einer Strecke von 1,6 Kilometern auf dieser Straße und biegen bei dem Schild „Hazas/Noval" rechts ab. Nach 200 Metern sehen wir die schöne alte Iglesia de

Nuestra Senora de Liendo. Wir umfahren sie linker Hand (Achtung, Einbahnstraße in die entgegengesetzte Richtung!) und entdecken bald auch wieder gelbe Pfeile. Diese weisen auf einem kleinen Sträßchen aus dem Dorf hinaus. Abermals ignorieren wir ein Einbahnstraßenschild, für Pilger wird es auf der relativ breiten, kaum befahrenen Straße wohl nicht gelten. Der Weg schraubt sich wieder in die Höhe und nach 1,3 Kilometern kommen wir zurück auf die N-634. Nach 850 Metern biegt der Jakobsweg bei einem großen, einsamen Baum nach links ab, unterquert die Autobahn, um kurze Zeit später beim Hostal El Carro (mit einem Geschütz im Vorgarten) wieder die Seite zu wechseln. Am darauf folgenden Kreisverkehr kommt man auf die N-634 zurück und kann auf ihr nach Laredo hinunterrollen. Wir müssen zugeben, dass wir den kleinen Umweg auf die andere Seite der Autobahn nicht mitgemacht haben, sondern auf der N-634 geblieben sind. Dies ist zwar ungemütlicher, erspart dem Pilger aber etwa 2 Kilometer Strecke und etliche Höhenmeter. Vom Kreisverkehr geht es einen Kilometer hinunter zum Ortseingang der Touristenhochburg Laredo mit ihrem kilometerlangen Sandstrand. Wir fahren auf der Uferpromenade 5 Kilometer an diesem entlang zur äußersten Landspitze der Bucht, von wo aus die Fähre nach Santoña verkehrt. Diese ist zwar nur ein größeres Motorbötchen, der Transport von Fahrrädern und sogar unserem Anhänger ist allerdings kein Problem, sofern man es schafft, diese durch den Sand zur Anlegestelle zu zerren. Zur Herberge in Santoña (1,5 Kilometer) muss man nur der Strandpromenade nach links folgen, durch den Hafen hindurch, und dann links auf die

CA-241 nach Cicero fahren. Nach Passieren der Brücke über die Ria de Santoña steht links ein großes, fabrikhallenähnliches Gebäude, die Herberge.

7. Etappe: Santoña – Güemes (20 Kilometer)

Wir fahren wieder zurück Richtung Santoña und biegen dann gleich hinter der Brücke und vor der Fabrik „Figorificos" nach links ab. Die Straße endet nach Durchfahren einer Rechtskurve an einer T-Kreuzung, hier geht es links weiter bis zu einem Kreisverkehr (1 Kilometer). Wir befahren die CA-141 Richtung Argoños, nehmen aber schon nach 300 Metern die Straße Richtung Berria/Dueso. Auf einer Strecke von 1,2 Kilometern befahren wir einen Radweg und erreichen den schönen Strand von Berria. Leider ist es mit dem Fahrrad nicht möglich, dem Jakobsweg über die Landnase Punta del Brusco zum 5 Kilometer langen Strand von Noja zu folgen. Wir bleiben daher auf der Hauptstraße von Berria und kommen nach 1,5 Kilometern zu einem Kreisverkehr, wo wir wieder auf die CA-141 treffen, auf der wir geradeaus weiterfahren. Wir folgen dem roten Fußgängerweg 700 Meter bis zum nächsten Kreisverkehr und dort der CA-141 Richtung Somo/Santander. Nach 1,6 Kilometern auf der viel befahrenen Straße biegen wir kurz hinter der „Posada El Trasmerano" am großen Kreisverkehr schräg links ab, wo wir schon ein weiteres Muschelsymbol sehen. Die schnurgerade Straße durch eine Feriensiedlung wird nach 700 Metern zu einem kleinen

Asphaltsträßchen. 1,4 Kilometer weiter mündet dieses in eine größere Straße, die wir aber nach 200 Metern zugunsten eines erneuten Asphaltsträßchens links abbiegend verlassen. Auf diesem bleiben wir 3 Kilometer, bis wir San Miguel de Meruelo erreichen (nach 1,7 Kilometern am Kreisverkehr geradeaus). Auf der Hauptstraße fahren wir in den Ort hinein, biegen bei „Muebles Abascal" links ab und sehen kurz darauf ein Schild mit der Aufschrift „CA-455 Güemes 5,5 km", dem Ziel unserer heutigen Etappe. Nach 4 Kilometern erreichen wir den Ortsrand von Güemes, sind aber noch nicht am Ziel. Wir bleiben noch 2,2 Kilometer auf der Straße durch die weit verstreute Siedlung, bis wir an einer Kreuzung das erlösende Schild „Albergue de Abuelo Peuto 0,8 km" lesen. Die Herberge ist an dieser Stelle schon auf einem Hügel zu erkennen. Nach einer letzten kleinen Anstrengung ist der Aufstieg ins Pilgerparadies von Padre Ernesto geschafft.

8. Etappe: Güemes – Saron (46 Kilometer)

Von der Herberge aus folgen wir den gelben Pfeilen auf die Landstraße Richtung Galizano. Nach 3,5 Kilometern mündet diese kurz vor dem Ort in die viel befahrene CA-141. Auf dieser biegen wir links ab und gelangen nach 700 Metern zu einem Kreisverkehr. Von Galizano nach Somo gibt es nun drei Varianten: Der für Fußpilger interessanteste Weg ist sicherlich die Route an der Küste entlang, die allerdings nicht mit dem Fahrrad zu schaffen ist. Eine weitere Variante führt über eine hügelige Landstraße nach Loredo. Wir wählen die kürzeste und fahrradfreundlichste Route, die auf einem Radweg entlang der CA-141 verläuft. Am Kreisverkehr folgen wir hierfür dem Schild „carril bici" auf den Fahrradweg, der uns in einem Bogen durch den Ort wieder zurück zur CA-141 führt (800 Meter). Die nächsten 4,5 Kilometer fahren wir neben der schnurgerade verlaufenden CA-141, dann endet der Radweg an einem Kreisverkehr in Somo. Wir bleiben auf der CA-141 und passieren nach 1,4 Kilometern den Fähranleger nach Santander. Nach weiteren 900 Metern haben wir die Brücke, die auf die andere Seite der Ria de Cubas führt, hinter uns gelassen, müssen aber 2,8 weitere Kilometer auf der nun recht engen und lauten Straße aushalten. Dann können wir am Ortsende von Pedreña (durchgestrichenes Ortsschild) schräg links Richtung Elechas abbiegen. Das Dorf liegt auf einem kleinen Hügel, die Bar auf dem Dorfplatz erreicht man nach 900 Metern. 50 Meter weiter biegen wir links ab, folgen der Straße noch 250 Meter bergab und halten uns dann vor einer Kartbahn und Industrieanlagen rechts. Zwischen den Industrieanlagen und einem Wäldchen kommen wir nach 1,5 Kilometern wieder zur CA-141 zurück, der wir rechts Richtung Santander/Pontejos folgen. Nach 3,2 Kilometern überqueren wir die Brücke über die Bahia de Santander beziehungsweise die Ria Astillero zum gleichnamigen Ort. Der Jakobsweg führte ursprünglich ebenfalls durch dieses Städtchen, das auch über eine Herberge verfügt. Allerdings ziehen die meisten Pilger die Fähre von Somo nach Santander vor. Es empfiehlt sich, noch vor der Brücke auf den Bürgersteig hinter die Leitplanke zu wechseln, zum einen weil die Brücke sehr eng ist, zum anderen weil man hinter der Brücke vom Bürgersteig aus direkt auf die Uferpromenade gelangt. Falls man sich auf der Straße befindet, muss man höllisch aufpassen, vom Kreisverkehr aus nicht auf die Autobahn zu geraten. Auf die Uferpromenade kommt man, indem man die einzig verbliebene Abbiegemöglichkeit für Nichtkrafträder am Kreisverkehr wählt und im Anschluss an die Unterquerung einer Brücke (170 Meter) nach links auf einen Parkplatz abbiegt. Links vorbei an einer Lagerhalle erreicht man die Uferpromenade, der man Richtung Norden folgt. Nach Unterquerung der eben befahrenen Brücke über die Ria sowie eines großen Stegs orientieren wir uns an der großen Kirche mit rundem Kirchturm. Wir fahren zunächst auf sie zu und dann links an ihr vorbei bis zu einem runden Platz, von dem aus man auf den vorher unterquerten Steg gelangt. Wir biegen nach rechts ab, durchqueren über einen weiteren runden Platz mit Pavillon einen Park und kommen nach 400 Metern an einen Kreisverkehr. Gegenüber beginnt auf der Calle Nemesio Mercapide die Via Verde de Pas nach Ontañeda. Auf dieser ehemaligen Bahntrasse radelt es sich entspannt bis zum Eingang des Tierparks „Parque Cabarceno" bei Obregon (7 Kilometer). Der Besuch des Tierparks lohnt sich, das Gelände ist allerdings sehr steil. Bis zum anderen Ende des Parks bei Cabarceno sind es auf dem kürzesten Weg 3,5 Kilometer, bei den vielen weit verstreuten Attraktionen wird man aber sicherlich die doppelte Strecke abradeln. Wir fahren durch das kleine Dorf Cabarceno und nehmen beim großen Kreisverkehr am Ortsausgang die Straße CA-405 Richtung Sobarzo. Nach 3,7 Kilometern erreichen wir die CA-142, auf der wir noch einen Kilometer bis Saron zu fahren haben. Dort bleiben wir auf der CA-142, die von Nord nach Süd durch die Kleinstadt führt, und übernachten in einer kleinen Pension im Stadtzentrum.

9. Etappe: Saron – Queveda (31 Kilometer)

An der Ampel im Zentrum von Saron verlassen wir die CA-142 und fahren nach rechts über die Plaza de la Estacion zum – zu diesem Zeitpunkt gerade abgebrannten und inzwischen runderneuerten – Busbahnhof. Direkt dahinter setzt sich in einem kleinen Park mit altem Eisenbahnwagon und einem großen Spielplatz die Via Verde de Pas fort. Hier ist sie zunächst nur ein Schotterweg, der an der alten N-634 entlang nach La Penilla führt, wo es dann asphaltiert bis nach La Cueva geht (4 Kilometer). Dort endet der Bahntrassenradweg abrupt an der Auffahrt zur N-634. Man kann sich hier entweder 1,1 Kilometer Schwerlastverkehr antun oder die ruhigere Variante hinauf zur Ermita de San Jose wählen. Für Letztere fahren wir wieder zurück ins Dorf, um nach 200 Metern an der ersten Kreuzung den Schildern zur Ermita zu folgen. Diese ist nach etwa einem Kilometer erreicht. Auf der kleinen, hügeligen Straße gelangt man nach 2 weiteren Kilometern nach Pomaluengo. Dort treffen wir noch vor den ersten Häusern wieder auf den schnurgeraden Bahntrassenradweg, der allerdings nach 800 Metern hinter einer Leitplanke an der N-634 endet. Kurz vorher kann man aber noch auf die Nationalstraße gelangen – ihr folgen wir 80 Meter, bevor wir sie an einer Verkehrsinsel kurz vor dem Ortsendeschild von Pomaluengo überqueren. Hinter der Verkehrsinsel biegen wir links ab und nach 50 Metern gleich wieder rechts. Wir überqueren den Rio Pisueña auf einem kleinen Sträßchen, das kurz darauf auf beiden Seiten von kleinen Wegen begleitet wird. Bei der ersten Gelegenheit (nach ca. 500 Metern) biegen wir wieder rechts ab und erreichen nach einem Kilometer die Auffahrt zur N-634. Hier fahren wir links auf die einzige Straße, die nicht zur N-634 führt, und sind schon auf der Hauptstraße von Castañeda, der alten N-634a. Nach 800 Metern überqueren wir den Rio Pas, um nach weiteren 400 Metern am Kreisverkehr geradeaus Richtung Las Presillas zu fahren. Nach 2 Kilometern biegen wir rechts auf die CA-332 (auch SV 4551) mit rotem Fußgängerstreifen Richtung Zurita (auf dieser bei der Gabelung nach 100 Metern rechts halten). Nach 1,6 Kilometern verlassen wir die Straße bei den Schildern „El Cristo“ und „Almacen Piensos Lolo“ nach links. Am Spielplatz rechts vorbei führt der kleine asphaltierte Feldweg bald sehr steil nach oben. 1,5 Kilometer und 60 Höhenmeter später ist der Anstieg beim Dorf La Rueda/San Antonio geschafft. Wir fahren dort schräg links auf die runderneuerte CA-334 mit rotem Fußgängerstreifen, die in leichtem Auf und Ab über eine Strecke von 2,7 Kilometern zur N-634a führt. Von hier oben sieht man schon Torrelavega. In rasantem Tempo rollen wir 400 Meter zur Stadt hinunter, biegen vor der Autobahnunterführung an der Tankstelle nach rechts ab und kurz darauf bei der Reparaturwerkstatt Citransa nach links. Das kleine Sträßchen unterquert die Autobahn und führt in weitem (1 Kilometer) Bogen zur Ringstraße von Torrelavega. Letztere wird von einem Radweg begleitet, dem wir nach rechts folgen. Der Radweg endet nach etwa 1,5 Kilometern an einem Kreisverkehr. Wir bleiben bis zum nächsten Kreisverkehr am Pabillon Municipal (schöner Spielplatz gegenüber) auf der Ringstraße und nehmen dort den Abzweig nach rechts Richtung Barreda/Santillana. Es geht unter der Autobahn hindurch; hinter den ersten Häusern von Barreda halten wir uns links und gelangen auf eine Brücke, die über Bahngleise und den Rio Saya führt. Als wir die Brücke passiert haben, geht es zwei Mal rechts zum (Schotter-)Radweg, dem wir entlang des Flusses folgen. 1,4 Kilometer weiter verlassen wir diesen kurz vor der riesigen Solvey-Chemiefabrik über einen Feldweg nach links, fahren dann gleich wieder nach rechts und schließlich links die Zufahrt hinauf zur CA-131 in Viveda. Dieser folgen wir 600 Meter nach links und biegen dann Richtung Parque Dinosaurio (dieser existiert offensichtlich nicht mehr) und Palacio Peredo nach rechts ab. Die Straße – zu unserer Zeit noch in Bau befindlich – macht eine Biegung nach rechts und führt zum Palacio de Peredo (200 Meter). Zwischen diesem und den Tennisplätzen hindurch gelangen wir über eine kleine Straße auf die CA-340 und befinden uns damit wieder auf dem offiziellen Jakobsweg. Wir halten uns links und erreichen nach drei hügeligen Kilometern den Abzweig zur noch 700 Meter entfernten Herberge Arco Iris.

10. Etappe: Queveda – Comillas (30 Kilometer)

Bis zum Abzweig der CA-340 zur Herberge müssen wir wieder zurückradeln. Auf dieser erreichen wir nach 1,5 Kilometern Camplengo. Am Ortsausgang führen die gelben Pfeile auf ein kleines Sträßchen hinab nach Santillana del Mar. Über das Kopfsteinpflaster des Städtchens erreichen wir die breite Av. Dorat, die CA-131, auf der wir nach rechts aus Santillana herausfahren. Hinter dem Campingplatz biegen wir am großen Kreisverkehr (850 Meter) rechts ab Richtung Autobahn und nehmen 100 Meter weiter den Abzweig Richtung Arroyo. Die gelben Pfeile führen uns in stetigem Auf und Ab durch die malerische Landschaft über Arroyo (1,7 Kilometer) nach Oreña (1,1 Kilometer) und weiter an der Iglesia Parroquial de San Pedro (1,1 Kilometer) vorbei nach Caborredondo (1,1 Kilometer). Noch auf der Hauptstraße des Ortes beginnt der steile, 1,6 Kilometer lange Anstieg von Meereshöhe auf etwa 100 Meter über dem Meeresspiegel. Beim Haus La Solana folgen wir den gelben Pfeilen nach rechts, und es geht hinunter zum Zitronendorf Cigüenza (1,3 Kilometer). Wir passieren das Dorf und fahren auf einem steilen Waldweg hinauf zur CA-353 (1,2 Kilometer) und auf dieser 2,4 Kilometer hinunter nach Cobreces. Der Jakobsweg verläuft zwischenzeitlich auf kaum passierbaren Waldwegen, deshalb fahren wir an der roten Kirche vorbei zur Hauptstraße (CA-131) und auf deren Seitenstreifen 2 Kilometer ansteigend (9 Prozent) zur Passhöhe in Tramalon. Hier treffen wir erneut auf den Jakobsweg, der von links aus einem kleinen Sträßchen kommend die Hauptstraße sogleich wieder links auf einem Feldweg verlässt. Die 6,5 Kilometer, während der der Jakobsweg weiter über La Iglesia, Pando und La Concha bis Comillas verläuft, sind zwar mit dem Fahrrad nicht unmöglich, aber doch beschwerlich. Wir fahren deshalb auf der Passhöhe rechts, zwischen Restaurant und Bushaltestelle hindurch, auf einen kleinen Weg nach Sierra. Auf diesem Sträßchen zwischen dem Meer und den Ortschaften Sierra und Liandres bleiben wir auf einer Strecke von 2,5 Kilometern, bis wir eine kleine Kapelle mit Meerblick antreffen. An dieser vorbei geht es bergab zur CA-131 und auf dieser rechts auf einem ausreichenden Seitenstreifen nach Comillas (2,5 Kilometer). Gleich hinter der Brücke über den hier ins Meer fließenden Arroyo Gandaria sehen wir auch wieder gelbe Pfeile links an der Felswand und folgen diesen ins Stadtzentrum und zur Herberge, die sich in einem ehemaligen Gefängnis befindet.

11. Etappe: Comillas – Colombres (30 Kilometer)

Wir folgen den gelben Pfeilen aus der Stadt heraus und fahren auf der CA-135 am Palacio de Sobrellano (links) und der Universität (rechts) vorbei. Falls man es nicht gleich findet, ist es das Beste, nach der Post zu suchen, denn die liegt auch an dieser Straße. Die CA-135 verläuft auf einer Strecke von 2,3 Kilometern leicht abfallend bis zur Brücke über die Ria de la Rabia. Hier hat man eine schwierige Entscheidung zu treffen, was die Route nach San Vicente de la Barquera anbelangt: Der Jakobsweg führt hinter der Brücke nach links und verläuft auf kleinen Sträßchen und gut befahrbaren Feldwegen über El Tejo und La Revilla ein Stück im Landesinneren. Bei Santa Marina führt der Weg sogar mitten durch einen Golfplatz. Wir entscheiden uns aber für die Küstenvariante. Also bleiben wir noch 1,5 Kilometer auf der CA-135 und biegen hinter der nächsten Brücke rechts ab Richtung Oyambre (CA-236). Während der nächsten 6,7 Kilometer führt die Strecke mit atemberaubenden Ausblicken und Anstiegen an der Küste entlang, bis man direkt vor der ebenfalls beeindruckenden Brücke nach San Vicente de la Barquera wieder auf den Jakobsweg trifft. Hinter der Brücke geht es am Kreisverkehr rechts zur Stadt, wir fahren aber weiter auf dem Jakobsweg geradeaus die Calle de la Calzada hinauf, biegen dann links ab und gelangen, am Hotel Azul Galimar vorbeikommend, auf eine kleine Straße nach La Acebosa (2,5 Kilometer). Nach Überqueren von Autobahn und Bahnlinie biegen wir im Dorf La Acebosa abweichend vom Jakobsweg auf die kleine Landstraße CA-843 nach rechts ab. 1,5 Kilometer weiter verläuft auch der Jakobsweg wieder auf dieser, und zwar durch Hortigal nach La Estrada (2,4 Kilometer). Dort zweigt der Jakobsweg bei der Turmruine aus dem 12. Jahrhundert rechts ab. Nach einem Kilometer ist im Dörfchen Serdio (mit Herberge) mit 120 Metern über dem Meeresspiegel der höchste Punkt erreicht, und es geht, den gelben Pfeilen folgend, wieder hinunter. Ein kleines Sträßchen führt 3 Kilometer bergab an einem Steinbruch vorbei zur CA-181 am Rio Nansa. Wir biegen rechts ab und bleiben auf der CA-181, bis sie nach Überqueren des

Rio Nansa in Pesues in die N-634 mündet. Der Jakobsweg biegt gleich hinter der Brücke über den Rio Nansa nach links ab und führt in beschwerlichem Auf und Ab nach Unquera. Wir dagegen fahren auf der N-634 (breiter Seitenstreifen, parallel zur Autobahn) bis ins Zentrum von Unquera (3,5 Kilometer). Zwar macht die Fahrt so keinen Spaß, sie ist aber wenigstens nach ein paar Minuten vorbei. Im Zentrum von Unquera verlassen wir die N-634 in der Linkskurve an der Bar Deva nach rechts und überqueren auf einer schmalen weißen Brücke den Rio Deva, die Grenze nach Asturien. Dort steht man vor der Entscheidung, wie man den steilen Anstieg nach Colombres mit 100 Höhenmetern bewältigen möchte: Nach Colombres führt sowohl ein kleines Landsträßchen als auch der Jakobsweg, Letzterer auf einem Feldweg mit herrlicher Aussicht. Beide Alternativen biegen direkt hinter der Brücke unmittelbar nebeneinander nach links ab und sind mit je 2 Kilometern etwa gleich lang. Die quietschblaue Herberge liegt direkt am Ortseingang von Colombres am Jakobsweg. Als Alternative bietet sich im Sommer die zur Herberge umfunktionierte Turnhalle neben dem Schwimmbad an, hierfür muss man den „Polideportivo"-Schildern folgen. Die Touristeninformation, deren Mitarbeiter gern behilflich sind, ist in einem kleinen futuristischen Container im Zentrum des Städtchens untergebracht.

12. Etappe: Colombres – Cuerres (50 Kilometer)

Wir verlassen die blaue Herberge und fahren Richtung Zentrum. Dort, wo es schräg links in einer Haarnadelkurve zum zentralen Dorfplatz hinuntergeht, fahren wir schräg rechts hinauf, folgen der Straße und kommen an der Caja Rural und Muebles Bordas vorbei. Die Straße gibt sich bald darauf als RD-2 (bei Kilometer 1) zu erkennen und führt hinab zur N-634 bei El Peral (1,2 Kilometer). Jetzt heißt es tapfer sein, denn während der nächsten 6 Kilometer bis Buelna gibt es keine Alternative zu der viel befahrenen Nationalstraße, die nicht durchgehend über einen Seitenstreifen verfügt. An der parallel verlaufenden Autobahn wird noch gebaut, und so ist für uns der kleine Abstecher, den der Jakobsweg bei La Franca von der N-634 macht, nicht möglich. Ab Buelna werden wir mit einem autofreien Küstenwanderweg entschädigt. Dafür verlassen wir die N-634 bei der ersten Gelegenheit, die sich im Dorf bietet, und fahren nach rechts zum Strand (Playa, 600 Meter). Der Küstenpfad E9 verläuft auf 10 Kilometern Länge über Pendueles (Achtung, hier weiter dem Küstenpfad folgen, eine Variante des Camino kehrt zur Nationalstraße zurück!) nach Andrin und ist fast durchweg fahrradtauglich. Schwierig wird es nur, wenn es 2 Kilometer hinter Pendueles zur Playa de Bretones (Anlage La Paz) sowie 5 Kilometer weiter zum Rio Puron hinuntergeht. Die Abstiege sind halsbrecherisch, die Warnschilder haben durchaus ihre Berechtigung. Höhepunkt des an Postkartenmotiven reichen Küstenweges sind etwa in der Mitte zwischen der Playa de Bretones und dem Rio Puron die Buffones Arenillas – aus den Klippen aufschießende Wasserfontänen, die es allerdings nur bei Seegang und Flut zu bewundern gibt. In Andrin folgen wir der Straße und den Jakobswegschildern zur Landstraße LLN-2 hinauf, die über einen gesonderten Fahrradweg verfügt. Dieser ist allerdings schon arg in die Jahre gekommen und fast genauso schwierig zu meistern wie der Anstieg zum Aussichtspunkt La Boriza (1 Kilometer, 120 Meter über dem Meeresspiegel). Nach 180 Metern kreuzt der Küstenweg die Straße. Folgt man ihm nach links, gelangt man über einen Golfplatz und an der Capilla del Cristo del Camino vorbei ins Zentrum von Llanes. Wir bleiben aber auf der Landstraße LLN-2 und gelangen über das Dörfchen Cue zum Stadtrand von Llanes (3,5 Kilometer). Hier folgen wir den Schildern Richtung Ortszentrum (centro urbano) beziehungsweise Llanes Oeste und gelangen über die teilweise verkehrsberuhigte Hauptstraße ins Zentrum des sehr touristischen Städtchens. Etwa 400 Meter nach Passieren der Hafenbrücke geht es hinter einem kleinen Park rechts weiter zur Jugendherberge im alten Bahnhof. Wir bleiben aber bis Poo (2,2 Kilometer) weiter auf der Hauptstraße, die zur AS-263 wird und keinen Seitenstreifen, dabei aber auch wenig Verkehr zu bieten hat. Wir ignorieren die nach rechts weisenden Muscheln und erreichen nach weiteren 2,3 Kilometern das Ortszentrum von Celorio mit der auffallend rot gestrichenen Apotheke. Etwa 300 Meter hinter dem Ortsendeschild verlassen wir die AS-263 und biegen nach rechts auf die LLN-11 Richtung Niembru und Barru. Wir kommen an der pittoresken, direkt am Wasser gelegenen Kirche von Barru vorbei und erreichen nach 2,7 Kilometern Niembru. Nach weiteren 1,5 Kilometern auf der LLN-11 bietet sich kurz hinter dem Ortsendeschild (LLN-11 Kilometer 1) die Möglichkeit, bei einem Stoppschild rechts abzubiegen und wieder zum markierten Jakobsweg zu gelangen. Dieser führt auf einer Strecke von 1,5 Kilometern über Feldwege zu den Ruinen des Klosters San Antolin de Bedon. Wir gehen allerdings auf Nummer sicher und wählen den Umweg über Posada. Dafür fahren wir nach der Abzweigemöglichkeit noch einen Kilometer weiter, bis die LLN-11 in Posada an der AS-263 endet. Dieser folgen wir 2 Kilometer bis zur Klosterruine San Antolin. Ab hier besitzt die AS-263 auch einen kleinen Seitenstreifen, so dass wir ihr die nächsten 10 Kilometer treu bleiben. Nach einem herrlichen Ausblick übers Meer unterqueren wir die Autobahn und durchfahren die Orte Naves, Villahormes, Cardoso und Nueva und schließlich kurz nach Passieren der FEVE-Bahnstation Belmonte, bis wir den Abzeig nach Cuerres erreichen. Nach etwa 600 Metern sind wir zwar im Dorf, merken aber nichts davon, so weit verstreut liegen die großzügig bemessenen Häuser. Zur Herberge geht es hinter dem Restaurant neben der Kirche rechts hinunter. Beschildert ist der Weg allerdings nur für die Fußpilger, die über Piñeres de Pria nach Cuerres gelangen. Am besten ist es daher, im Restaurant nach der Herberge zu fragen.

13. Etappe: Cuerres – La Isla (27 Kilometer)

In Cuerres fahren wir zurück zum Abzweig beim Restaurant und dann nach rechts weiter auf die Hauptstraße. Nach 400 Metern macht die Straße eine Linkskurve und verläuft schließlich parallel zur Bahnlinie. Nach weiteren 500 Metern gabelt sich die Straße. Wir halten uns links und erreichen 500 Meter weiter wieder die AS-263, auf der noch 5,5 Kilometer bis Ribadasella zu fahren sind. Hinter der Brücke über die Ria Sella biegen wir bei nächster Gelegenheit nach rechts zum Strand ab. Die Strandpromenade ist aber für unseren Geschmack zu gut besucht, so dass wir auf der parallel verlaufenden Calle Dionisio Ruisanchez noch 2 Kilometer durch die Touristenhochburg radeln. Am Ortsrand fahren wir am Kreisverkehr mit Dinosaurierstandbild geradeaus nach San Pedro und befinden uns auch endlich wieder auf dem markierten Jakobsweg. Über San Pedro geht es steil hinauf auf 100 Meter über dem Meeresspiegel nach Abeo (2,1 Kilometer). Oben angekommen folgen wir nicht der Muschel, sondern dem Schild zur Herberge von San Esteban. Sie liegt an der N-632, der wir nach rechts folgen. Die Nationalstraße hat zwar keinen Seitenstreifen, ist jedoch aufgrund der parallel verlaufenden Autobahn nur wenig befahren. Nach einer kurzen Abfahrt geht es wieder steil nach oben, 5 Kilometer weiter ist dann Berbes erreicht. Von dort sind es noch einmal 8 Kilometer bis nach La Isla. Da wir es ziemlich eilig haben, lassen wir uns die ruhigen Sträßchen und herrlichen Ausblicke des markierten Jakobswegs leider entgehen. Falls man diesen einschlagen möchte, sollte man hinter Berbes nicht den Pfeilen nach rechts auf einen sehr steinigen Feldweg folgen, sondern die N-632 in Caravia Alta erst an der weißen Kirche zwischen Kilometer 15 und 16 nach rechts Richtung Camping/ Arenal de Moris verlassen. Nach 750 Metern führt kurz vor einer kleinen Bergkuppe, unter der die Autobahn in einen Tunnel einfährt, ein Schotterweg nach links. Diesem folgt man 1,3 Kilometer entlang der Autobahn, bevor man diese auf einer blauen Brücke überqueren kann. Nach 400 Metern hält man sich schräg links und ist nach 350 Metern auf dem auseinanderbröckelnden Sträßchen am Strand von El Visu. Von hier aus muss man sich wieder zurück zur N-632 schlagen (ca. 750 Meter) und ist schließlich nur noch 1,5 Kilometer von La Isla entfernt. In La Isla verlassen wir die N-632 kurz hinter der Bar Monte y Mar und fahren nach rechts zum Ortskern (centro urbano), wo der Weg zur etwas versteckt gelegenen Herberge ausgeschildert ist.

14. Etappe: La Isla – Colunga (6 Kilometer)

Wir kehren zur N-632 zurück und setzen unsere Fahrt Richtung Colunga fort. Nach 450 Metern gönnen wir uns eine kurze Pause und biegen bei einem grün gekachelten Haus nach links Richtung Bueño ab. Nach 200 Metern folgen wir dem rechts abgehenden Asphaltweg. Bald finden wir auch wieder gelbe Pfeile. Nach 1,5 Kilometern kehren wir allerdings zur N-632 zurück, als uns die Muschel in einer Rechtskurve auf einen holperigen Feldweg weist. Wir bleiben auf dem Asphaltweg und sind 200 Meter weiter auf der N-632, die uns ins Zentrum von Colunga mit der Iglesia de San Cristobal bringt (1,6 Kilometer). Dort gibt es zum einen freies Internet in der Touristeninformation, zum anderen machen wir noch einen Abstecher zum wirklich sehenswerten Dinosauriermuseum (Museo del Jurasico de Asturias, 3 Kilometer, 100 Höhenmeter, gut ausgeschildert). Auch im Centro de Salud haben wir hier (notgedrungen – siehe Reisebericht im ersten Teil des Buches) gute Erfahrungen gemacht.

15. Etappe: Colunga – Valdedios (38 Kilometer)

Weiter geht es auf der N-632. Nach 450 Metern biegen wir am Ortsausgang links ab auf die AS-258 Richtung Puente Agüera/L'Infiestu, verlassen diese aber nach 200 Metern wieder und radeln schräg rechts auf die CL1 nach Pernus. Auf dieser verläuft auch der gut ausgeschilderte Jakobsweg. Nach 2,2 Kilometern unterqueren wir die Autobahn, bevor der erste Anstieg (auf 100 Meter über dem Meeresspiegel) nach Pernus (2,2 Kilometer) beginnt. Nun geht es aber richtig nach oben, die Passhöhe im halb verlassenen Dorf La Llera (2,3 Kilometer) liegt auf einer Höhe von etwa 180 Metern. Dafür verläuft die Abfahrt rasant. Hierfür sollte man auf dem Sträßchen, das jetzt VV-15 heißt, bleiben. Der markierte Jakobsweg zweigt dagegen auf halber Strecke im Dorf Priesca (1,2 Kilometer) kurz hinter der rosaroten

Kirche nach rechts auf einen matschigen Pfad ab. In La Vega (1,4 Kilometer) trifft man den Jakobsweg wieder, und abermals biegt er auf einen matschigen Feldweg ab. Auch hier bleiben wir auf der VV-15 und radeln unter der Autobahn hindurch zur N-632 hinauf (1 Kilometer). Die bringt uns, mitunter etwas ungemütlich, hinunter nach Villaviciosa. Nach 6,3 Kilometern unterqueren wir die Autobahn, nach weiteren 1,2 Kilometern ist das Stadtzentrum erreicht. Hinter Villaviciosa teilt sich der Jakobsweg: Die Hauptroute führt weiter über Gijon und Aviles, während wir uns für die Variante über das Kloster Valdedios und Oviedo entscheiden. Diese Variante verläuft fast durchgehend auf kleinen Sträßchen, ist aber ebenfalls gut ausgeschildert. In Villaviciosa bleiben wir zunächst auf der N-632 und umrunden auf ihr das Stadtzentrum. Etwa 500 Meter hinter der großen Plaza de Ayuntamento macht die N-632 an einer kleinen Kirche einen scharfen Rechtsknick. Wir fahren aber geradeaus auf der AS-255/267 Richtung Infiesto/Cabranes/Oviedo. Nach 400 Metern auf dieser Straße zweigt die AS-255 links Richtung Santa Eulalia/Infiesto ab – hier sehen wir auch wieder gelbe Pfeile. Wir können nun auf einer Strecke von 1,8 Kilometern der AS-255 folgen, bis die Markierung des Jakobswegs ein paar Meter hinter einer Ampel nach schräg rechts in ein kleines Sträßchen weist. Dieses führt uns nach 500 Metern kurzzeitig auf die AS-267 zurück. Wer es gemütlicher mag, kann auch ein Stückchen an der Ria de Villaviciosa entlangfahren, hierfür hält man sich nach 300 Metern auf der AS-255 bei einer Wanderkarte schräg rechts, überquert gleich darauf auf der Brücke die Ria de Villaviciosa und folgt dieser flussaufwärts. Der Feldweg schlängelt sich etwa 4 Kilometer an der Ria entlang, bevor er über das oben erwähnte Sträßchen auf die AS-267 führt. Diese verlassen wir nach 200 Metern und setzen unsere Fahrt auf der VV-10 Richtung Grases/Rosaes fort. Nach 900 Metern teilt sich der Jakobsweg bei einem weißen Haus mit der Aufschrift „Sidra El Traviesu". Auf dem Wegstein sind ausnahmsweise zwei Muscheln abgebildet, die in verschiedene Richtungen zeigen. Geradeaus geht es auf dem Küstenweg weiter nach Gijon, unsere Variante über Oviedo zweigt nach links Richtung Camoca ab. Wir bleiben auf dieser Straße und durchqueren in einem moderaten Auf und Ab mehrere kleinere Dörfer (La Fontana, El Pulu Riva, La Cruz). Nach 2,8 Kilometern erreichen wir eine Weggabelung mit einer kleinen Picknickbank. Auch hier bieten sich zwei Varianten. Schräg rechts geht es zum Kloster Valdedios, während der linke Weg dieses umgeht und direkt auf die Passhöhe Alto de Campa führt. Wir nehmen den rechten Weg, der 2,7 Kilometer am Rio Valdedios entlangführt. Das Sträßchen mündet in die Zufahrtsstraße zum Kloster Valdedios (mit Herberge), welches wir nach 250 weiteren Metern erreichen.

16. Etappe: Valdedios – Oviedo (37 Kilometer)

Vom Kloster kommend folgen wir dem kleinen Sträßchen nach Vilanoscura und Vilarica. Die Etappe startet mit dem steilsten Anstieg des gesamten Camino – auf den nächsten 3 Kilometern bis zur Passhöhe Alto de Campa müssen fast 300 Höhenmeter überwunden werden. Oben angekommen überqueren wir zunächst die AS-267 vor der Tankstelle. Der markierte Jakobsweg bewältigt den nun folgenden Abstieg auf Sträßchen und Feldwegen entlang der AS-267, wir setzen unsere Fahrt aber auf der AS-357 Richtung Nava (dort gibt es ein Sidra-Museum, doch das bedeutet einen 10 Kilometer langen Umweg) fort. Nach 2,2 Kilometern verlassen wir in San Roman die AS-357 und biegen auf die SR-1, die als „Camin Real de Vega a San Roman" einen rot markierten Seitenstreifen für Nichtmotorisierte besitzt. Ab Carcava (2,2 Kilometer) verläuft auch der Jakobsweg wieder auf dieser Straße, die uns ins Zentrum von Vega (weitere 1,6 Kilometer) bringt. Wir und der Jakobsweg bleiben der wenig befahrenen SR-1 auch ohne Seitenstreifen treu. In El Castro (3,4 Kilometer) wird die SR-1 zur AS-331. Der markierte Weg führt fortan auf Schotterpisten rechts und links der AS-331 nach Pola de Siero. Es ist aber auch problemlos möglich, die Fahrt auf der AS-331 bis Pola de Siero (weitere 5,1 Kilometer) fortzusetzen. Dort biegen wir kurz hinter dem Schwimmbad („Piscinas Municipales") zusammen mit dem Jakobsweg bei einem frei stehenden Baum rechts ab. Die gelben Pfeile führen uns im Zickzackkurs durch die 12.000-Einwohner-Stadt zur schicken Herberge (ca. 1,5 Kilometer). An dieser vorbei fahren wir aus der Stadt heraus, halten uns nach 400 Metern am Kreisverkehr links Richtung La Carrera und folgen 80 Meter weiter den gelben, nach rechts weisenden Pfeilen. Diese führen uns stramm eine kleine

Anhöhe hinauf. Spätestens mit der Überquerung der Autobahn (1,5 Kilometer) wird einem die Nähe der Großstadt Oviedo bewusst. Nach weiteren gemütlichen 1,5 Kilometern werden wir ins Verkehrschaos von El Berron geworfen. Wir treffen zunächst auf die AS-246 und folgen dieser 30 Meter nach links, um an der Ampel die große N-634 zu überqueren. Wir biegen bei der nächsten Kreuzung rechts ab in die Av. de Oviedo – gelbe Pfeile oder Straßenschilder sucht man allerdings vergebens. Bei einer Gabelung 400 Metern weiter finden sich dann wieder gelbe Pfeile, denen wir nach schräg rechts folgen. Bei einem Stoppschild nach weiteren 450 Metern überqueren wir die Straße und setzen unsere Fahrt auf einem kleinen Sträßchen Richtung Carbayal fort. Wir überqueren die Autobahn (500 Meter) und unterqueren die AS-17 (weitere 1,2 Kilometer). Die Unterführung bei Letzterer befindet sich während unserer Reise noch im Bau, und wir werden von Bauarbeitern auf die andere Seite der Schnellstraße geleitet. Dort angekommen, lassen wir uns von den gelben Pfeilen durch Fonciello und Merres leiten, überqueren kurz hinter dem schönen Palacio de Merres (2 Kilometer) die Landstraße SI-6 und fahren weiter auf einer Schotterpiste Richtung Granda. Nach 200 Metern überqueren wir die Bahngleise, nochmals 200 Meter weiter fahren wir durch eine ärmliche Barackensiedlung. Im Dörfchen Campo (500 Meter) kann man sich erfrischen: Vor einem rosaroten Haus führt ein kleiner Weg nach links hinunter, an einem Kornspeicher (Horreo) vorbei zum Flüsschen Nora. Hier gelangt man über eine Art Brücke aus großen Steinquadern auf die andere Seite und kann an diesem idyllischen Ort Kraft tanken für die Einfahrt nach Oviedo. Zwei Kilometer hinter dem Dorf ist es mit der Ruhe vorbei und wir sind zurück auf der N-634. Es besteht die Möglichkeit, die folgenden 2 Kilometer durch den Vorort Colloto auf eine Parallelstraße ausweichen – dummerweise links, so dass man die N-634 zweimal überqueren muss. Auf den letzten 3 Kilometern ist die N-634 aber alternativlos, zudem verlieren sich hier die gelben Pfeile. Die Herberge ist ebenfalls nicht so leicht zu finden, mal abgesehen davon, dass in vielen Pilgerführen die neue, größere Herberge in der C/ Adolfo Posada noch gar nicht aufgeführt ist. Man sollte sich zunächst an der Kathedrale orientieren, die über dem von einer großen Ringstraße umrahmten Stadtzentrum thront. Den großen Platz vor der Kathedrale verlassen wir, indem wir rechts an ihr vorbei die C/ Santa Ana entlanggehen, die nach 150 Metern C/ Mon heißt. Die Einbahnstraße laufen wir entgegen der Fahrtrichtung hinunter. Die Straße ändert nach 120 Metern ihren Namen wiederum in C/ Oscura. Diese endet an der C/ de Marquez de Gastanaga gegenüber dem Park Jardines de Campilin. Wir überqueren die mehrspurige Straße, gehen zunächst auf den Spielplatz des Parks zu, biegen aber gleich wieder nach links in die C/ San Pedro Mestallon. Nun gehen wir an der großen Kirche des Colegio Domingo Guzman vorbei, wo sich früher die Herberge befand. Schließlich biegen wir in die zweite Straße nach links (C/ Adolfo Posada) ein, wo sich 50 Meter weiter die Herberge findet.

17. Etappe: Oviedo – Trubia (16 Kilometer, weitere 15 Kilometer nach Proaza)

Um von Oviedo wieder auf den Küstenweg zu gelangen, folgen wir zunächst den zwei ineinander übergehenden Bahntrassenradwegen Via Verde de Fuso (Oviedo – Fuso de la Reina) und Senda Verde Fuso de la Reina – Tuñon bis zum Städtchen Trubia am Rio Nalon. Von dort kann man sich entweder von der Schmalspurbahn FEVE (www.feve.es) an die Küste nach San Esteban de Pravia bringen lassen oder selbst auf kleinen Landstraßen (AS-234 bis AS-237) den Rio Nalon, der in San Esteban de Pravia ins Meer mündet, entlangradeln. Dies ist aber eine weitere, etwa 40 Kilometer lange Tagesetappe ab Trubia. Da es von Oviedo bis nach Trubia schon 16 Kilometer sind, ist eine Zwischenübernachtung in den Herbergen von Escamplero oder Grado, die am Camino Primitivo liegen, empfehlenswert. Wir entscheiden uns für die Zugvariante, so dass hier nur der Weg bis Trubia beschrieben ist.

Die größte Schwierigkeit besteht zunächst darin, den Einstieg in den Bahntrassenradweg „Via Verde de Fuso" zu finden. Er befindet sich im Parque de Invierno, doch das städtische Verkehrschaos, ein Gewirr von Einbahnstraßen und das hügelige Profil können einen in den Wahnsinn treiben. Die einfachste Variante führt von der Herberge zurück zum Park Jardines de Campilin. Wir umrunden diesen auf der C/ Arzobispo Guisasola in einer großen ansteigenden Linkskurve.

Nach 500 Metern treffen wir bei einem Kreisverkehr mit Springbrunnen auf die große Ringstraße. Wir folgen dieser 200 Meter nach rechts und verlassen sie bei der nächsten Ampel nach links in die C/ Pedru Massaveu. Die von Lampen auf roten Backsteinsäulen gesäumte Straße schließt den Parque de Invierno nach Norden hin ab. Wir folgen ihr 500 Meter bis zum Indoorspielplatz „Palacio de los Ninos", biegen dort nach links ab – es geht abwärts –, halten uns bei der Gabelung hinter dem Sportplatz links und erreichen, als wir unten angekommen sind, endlich den Bahntrassenradweg. Zwei große Wanderkarten und ein Hinweisschild mit der Aufschrift „FEVE" bestätigen, dass wir auf dem richtigen Weg sind. Nun wird es gemütlich. Bis zum alten Bahnhof von Fuso de la Reina geht es auf 8 gut markierten Kilometern gleichmäßig etwa 100 Höhenmeter bergab. Als Zugabe hält der Weg atemberaubende Aussichten über den Rio Nalon sowie 4 beleuchtete Tunnel und 5 Brücken bereit. Die mit roten Schildern markierte Via Verde von Fuso de la Reina bis Trubia beziehungsweise Tuñon ist keine eigentliche Bahntrasse, da die Bahnstrecke noch in Betrieb ist, sondern ein Radweg, der an Rio Nalon und Bahntrasse entlangführt. Wir fahren in Fuso zunächst an den Gleisen entlang vom stillgelegten zum neuen Bahnhof, überqueren nach 650 Metern die Bahngleise nach links und kurz darauf wieder nach rechts, bevor wir schließlich den Rio Nalon auf einer Hängebrücke überqueren. Am rechten Ufer fahren wir eine Strecke von einem Kilometer bis zur nächsten Brücke bei La Caldas. Das Örtchen besitzt ein großes Thermalbad und ist vom Radweg aus an zwei ritterburgähnlichen Türmen einer privaten Villa zu erkennen. Wir überqueren die Brücke über den Rio Nalon und nehmen gleich danach bei der dreifachen Weggabelung den rechten Abzweig nach Caces. Es geht auf einer Brücke über die Gleise – unten ist schon die Bahnhaltestelle von Caces zu erkennen. Gleich nach Überqueren der Brücke verlassen wir die Straße nach rechts und fahren weiter auf einem kleinen Sträßchen, das zwischen dem Spielplatz und einem lila und weiß gestrichenen Haus hindurchführt. Wir fahren weiter, überqueren nach 700 Metern an einem Bahnübergang mit Schranke die Gleise und folgen dem Sträßchen auf 4,5 gemütlichen Kilometern zwischen den Gleisen und dem Rio Nalon nach Trubia. Von Trubia aus kann man noch einen Abstecher in das wunderschöne Tal des Rio Trubia und des Rio Teverga machen. Vom Bahnhof aus fahren wir hierfür auf der Haupt- und Geschäftsstraße nach Süden, bleiben immer auf der rechten Flussseite, durchqueren ein unschönes Industriegebiet und stoßen bei einer kleinen, weißen Kirche (2 Kilometer) an der eingestürzten Brücke (die inzwischen wieder aufgebaut sein dürfte) auf die braunen Hinweisschilder der Via Verde Fuso – Tuñon. Diese geht bei Tuñon (8 Kilometer von Trubia entfernt) nahtlos in den Weg Senda de Oso über. Dieser Bahntrassenradweg führt insgesamt spektakuläre 30 Kilometer von Tuñon nach Teverga oder alternativ zum Stausee Valdemurio. Übernachtungen sind in kleinen (aber nicht preiswerten) Pensionen, z. B. in den Ortschaften San Martin/Teverga, La Plaza oder Proaza (15 Kilometer von Trubia entfernt), möglich.

18. Etappe: (Proaza – Trubia) San Esteban de Pravia – Soto de Luiña (20 Kilometer)

Wir fahren von Proaza auf demselben Weg nach Trubia zurück und nehmen dort den Zug nach San Esteban de Pravia. Vom Bahnhof in San Esteban fahren wir zunächst nach rechts Richtung Hafen und folgen bei einem Haus mit rotbrauner Holzfassade einer Kehre von fast 180 Grad in die Einbahnstraße. Nach 100 Metern biegen wir schräg rechts ab auf die MU-1 Richtung Muros de Nalon. Über einen 2 Kilometer langen Anstieg erreichen wir die Kleinstadt Muros de Nalon und folgen gleich am Ortseingang den Hinweisen des Jakobswegs nach rechts zum zentralen Platz mit Kirche und Rathaus (500 Meter). Der Jakobsweg verläuft von hier aus auf fahrraduntauglichen Waldwegen nach El Pitu. Wir fahren deshalb vom zentralen Platz zwischen Apotheke und einem baumreichen Seitenplatz hindurch zur N-632 (500 Meter). Die folgenden 1,7 Kilometer auf der N-632 Richtung Cudillero/A Coruña sind für uns aufgrund des rücksichtslosen Schwerlastverkehrs ein Horrortrip. Dank des breiten Seitenstreifens ist der Abschnitt jedoch immerhin überlebbar. Das Verkehrsaufkommen sollte sich hier in Zukunft aber deutlich reduzieren, wenn die parallel verlaufende Autobahn fertiggestellt ist. Beim Schild „La Vana 0,3" und gelben Pfeilen auf dem Boden können wir die N-632 erleichtert nach rechts verlassen. Wir halten uns an der nächsten Gabelung rechts und biegen 450 Meter weiter scharf links ab. Das kleine Sträßchen bringt uns am gelben

Hotel mit der Aufschrift „Apartament Cudillero" vorbei ins Zentrum von El Pitu (900 Meter). Wir biegen dort gleich rechts auf die Hauptstraße CU-2 nach Cudillero ab und sehen kurz darauf das Eingangstor des stattlichen Palacio Selegas. Der weitere Verlauf des markierten Camino führt über zugewachsene Feldwege und große Anstiege ins Landesinnere. Wir fahren deshalb auf der CU-2 weiter Richtung Cudillero. Nach einer schönen Abfahrt hat man 1,6 Kilometer weiter am Ortseingang von Cudillero die Qual der Wahl: Man kann sich hier entweder links halten und die CU-1 Richtung La Duenas und Luarca und damit den haarsträubend steilen Anstieg hochradeln, den man bei der eben bewältigten Abfahrt bereits vor Augen hatte. Alternativ kann man dem Sträßchen noch 700 Meter hinunter zum Hafen des malerischen Fischerdöfchens folgen, muss dann aber das Ganze auf der CU-3 wieder hinaufradeln. Beide Straßen, CU-1 und CU-3, enden nach 2 beziehungsweise 3,5 Kilometern an einem Kreisverkehr an der N-632. Wir folgen dieser nach rechts Richtung Cadavedo und A Coruña und fahren 600 Meter auf ihrem Seitenstreifen, bis uns gelbe Pfeile und ein Schild nach rechts auf die alte N-632a nach Rellayo und San Martin de Luna schicken. Ohne viel Verkehr geht es die 8 Prozent Gefälle hinab nach Artedo (2,1 Kilometer) und wieder hinauf über San Martin de Luna (2,5 Kilometer) bis Soto de Luiña (2,3 Kilometer). Eventuelle Abstecher des markierten Weges weg von der N-632a können getrost ignoriert werden. In Soto de Luiña geht es gleich hinter der Kirche nach rechts und dann wieder links zur Herberge, die in einer alten Schule untergebracht ist.

19. Etappe: Soto de Luiña – Almuña (43 Kilometer)

Die nächste Etappe ist an Einfachheit nicht zu überbieten: Sage und schreibe 24 Kilometer geht es auf der fast autofreien N-632a weiter von Soto de Luiña bis Cadavedo. Eine Spazierfahrt wird es aber trotzdem nicht, denn im Kilometertakt geht es zwischen Bergrücken und Bachtälern rauf und runter. In Cadavedo muss man mangels Alternative auf die neue N-632 mit breitem Seitenstreifen ausweichen. Nach 4,5 Kilometern endet diese am Kreisverkehr der Autobahnausfahrt von Queras/Canero. Ein weiteres Stückchen N-632a führt uns unter der Autobahn hindurch nach Canero und weiter zur N-634 (2,2 Kilometer). Dieser folgen wir Richtung Luarca. Nach 750 Metern steht unter der Autobahnbrücke das Hotel Canero, hinter dem ein Pfad zum schönen Strand (ca. 500 Meter, mit einer kleinen Treppe als Hindernis) beginnt. Die 750 Meter hinauf zur N-634 sind zwar wieder sehr steil, dafür kann man die restlichen 5 Kilometer nach Almuña gemütlich ausrollen. Zur Herberge gelangt man über die AS-351 nach Meras, die etwa 300 Meter nach Passieren des quietschgelben „Almerika"-Supermarkts links abzweigt. Sie befindet sich direkt hinter der Autobahnbrücke in einem blauen Haus (600 Meter). Wir müssen allerdings bei Vollbelegung in ein Motel an der N-634 (etwa 200 Meter vor dem „Almerika"-Supermarkt) ausweichen.

20. Etappe: Almuña – Tapia de Casariego (48 Kilometer)

Wir fahren zurück zur N-634 und auf dieser 2 Kilometer hinunter ins Zentrum von Luarca. Gleich hinter der Brücke über die Ria biegen wir an der großen Kreuzung, auf deren Mitte eine Straßenlaterne mit dem Hinweisschild „A Coruña" steht, nach links ab in die kleine, steil nach oben führende Straße zwischen dem halb verfallenen Eckhaus und der „La Caixa"-Bank. Diese bietet uns herrliche Ausblicke auf die Hafenstadt. Wir fahren auf dem gut markierten „Camino Real de Santiago", kommen an der Ruine einer Santiagokirche vorbei und erreichen nach 2,5 Kilometern schließlich die N-634 bei Aquelcabo. Wir überqueren die N-634 und fahren weiter auf einem kleinen Sträßchen Richtung Constancios. Zwischen der N-634 und der im Bau befindlichen Autobahn gelangen wir auf einer kleinen Straße durch die Dörfer Cabornas, Carral und Rellayo. Spätestens in Rellayo (nach etwa 3,5 Kilometern) sollte man wieder nach rechts zur N-634 zurückkehren, da der weitere Weg über schlechte Feldwege und die Autobahnbaustelle führt. Ein bisschen mulmig kann einem auf der N-634 werden, denn auf einem Schild wird auf die große Unfallgefahr hingewiesen. Nach 3 Kilometern müssen wir dann auch noch nach links abbiegen auf ein altes Stück N-634 bei Bao, während der dichte Autoverkehr geradeaus über eine neue Brücke weiterfährt. 700 Meter hinter dem Abzweig sehen wir in einer Haarnadelkurve bei einem Haus mit schön gestaltetem Garten auch wieder Jakobswegschilder, die uns auf einen gut befahrbaren Feldweg weisen, der links hinaufführt. Dieser bringt uns, bald wieder abwärts führend, nach Villapedre zur N-634, der wir auf einer Strecke von 3 Kilometern bis Piñera folgen. Dort gibt es kurz hinter der Kirche eine Herberge in einer alten Schule direkt an der N-634. Wir biegen aber schon 200 Meter vorher auf eine Landstraße Richtung Freal ab, um uns etwas Erholung von der N-634 zu gönnen. Der Jakobsweg verlässt zwar kurz darauf ebenfalls die N-634, allerdings führt er einmal mehr über schlechte Feldwege. Wir bleiben 1,5 Kilometer auf dem Landsträßchen, bis es an einer T-Kreuzung unvermittelt endet. Dort biegen wir nach links ab und fahren an der frei stehenden weißen Kirche vorbei auf der Landstraße, die später den Namen NV-3 erhält, bis ins Zentrum von Navia (3,6 Kilometer). Dort gelangen wir mit der N-634 über eine Brücke auf die andere Seite der Ria und biegen die zweite Straße nach links auf die CN-3 Richtung Folgueras ab. Wir umgehen damit den Hügel, über den der Jakobsweg führt, müssen dann aber doch, nachdem wir die weiße Kirche von Folgueras hinter uns gelassen haben (2 Kilometer), kräftig in die Pedale treten. Nach 200 Metern bergan halten wir uns rechts und biegen auf die CN-1 Richtung Jarrio. Nach weiteren 200 Metern fahren wir unter der Autobahn hindurch, um schließlich 500 Meter weiter einem unscheinbaren gelben Pfeil auf einem Mäuerchen auf einen links abgehenden Weg zu folgen. Kurz darauf geht es durch einen regelrechten Gebüschtunnel zu einem Sträßchen, das entlang der Autobahn verläuft. Nach einem Kilometer halten wir uns bei der Gabelung mit Brunnen und Sitzbank rechts. Nach weiteren 500 Metern verliert sich der Asphaltbelag, die Straße ist aber gut befahrbar. 650 Meter weiter überqueren wir die Autobahn über eine kleine Brücke und folgen kurz darauf dem Pfeil nach links auf ein kleines Sträßchen, das schließlich an der N-634 endet. Die restlichen 3,8 Kilometer bis zur Ortseinfahrt von A Carida verläuft der Jakobsweg mal rechts, mal links von der N-634, am einfachsten ist es aber, auf ihrem breiten Seitenstreifen zu bleiben. Am Kreisverkehr an der Ortseinfahrt von A Carida verlassen wir die N-634 und fahren zum zentralen Platz des Städtchens mit Kirche und der Casa Consistorial. Gleich darauf biegen wir rechts ab auf die FR-3 nach Viavelez, womit wir wieder einmal sowohl der N-634 als auch einem fahrtechnisch schwierigen Teil des Jakobswegs ausweichen. Nach rasanten 2 Kilometern haben wir das wunderschön gelegene Fischerdörfchen Viavelez erreicht, das vor dem unvermeidlichen Anstieg auf der FR-4 Richtung San Pelayo zurück zur N-634 (1,2 Kilometer) zum Verweilen einlädt. Nach einem Kilometer auf der N-634 ignorieren wir zuerst ein blaues Pilgerschild nach rechts, dann nach links und fahren stattdessen geradeaus weiter nach El Franco (900 Meter), wo auch ein kurzer Abstecher zur Playa de Porcia möglich wäre. Dort verlassen wir die N-634 Richtung La Roda und fahren auf einer alten Variante der Nationalstraße parallel zur neuen. Einen Wegweiser auf einen Betonweg nach rechts (nach 1,2 Kilometern) kann man getrost ignorieren. Kurz vor Campos (1,6 Kilometer) landen wir wieder auf der neuen N-634. 350 Meter hinter dem Ortsschild biegen wir bei einem braunen

Holzschild mit der Aufschrift „Playa de Porcia" rechts und gleich darauf wieder links ab und kommen auf einen Weg, der parallel zur N-634 und gut markiert bis Tapia de Casariego verläuft (4,5 Kilometer). Die Herberge am Ortsrand von Tapia liegt direkt am Weg und vor allem direkt am Strand.

21. Etappe: Tapia de Casariego – San Xusto (37 Kilometer)

Von der Herberge aus fahren wir in den Ort und halten uns bei der ersten Gelegenheit bei einem weißen Eckhaus links. Nach 160 Metern auf einem kleinen, aufsteigenden Sträßchen biegen wir wieder links ab und sind nach 70 Metern auf der Hauptstraße von Tapia, der wir nach rechts folgen. Wir lassen die Tankstelle und den Strand hinter uns und überqueren nach 900 Metern den Rio Anguileiro. Kurz darauf folgen wir dem Hinweis „Camping" nach rechts – ab hier ist der Weg auch wieder mit blauen Jakobswegschildern versehen. Wir bleiben 3,5 Kilometer auf dieser Straße (bei der Gabelung hinter dem schönen Steinhaus mit Kornspeicher (Horreo) nach 1,6 Kilometern rechts halten), halten uns beim Ortsendeschild von A Penela rechts und gelangen auf die Landstraße TC-3. Diese führt zunächst kräftig ansteigend durch den Ort Villamil und wird hinter der freistehenden Kirche von Sta. Gadia (1,5 Kilometer) für 500 Meter zu einem für Autos gesperrten Asphaltweg, der wiederum zu einem Holzsteg über eine Feuchtwiese wird. Die beiden Abzweige nach rechts führen wenige Meter weiter zum letzten Strand am Küstenweg, der ja hinter Ribadeo ins Landesinnere zieht. Wir bleiben auf dem Holzsteg, der nach 500 Metern bei einem Picknickplatz endet, wo wir der Straße rechts Richtung Villadun folgen. Nach 450 Metern halten wir uns links, kommen auf eine Straße mit rotem Seitenstreifen und fahren weiterhin Richtung Villadun. 500 Meter weiter verlassen wir die Straße auch schon wieder, und zwar nach rechts, obwohl ein gelber Pfeil geradeaus nach Figueras weist. In einer Rechtskurve durchfahren wir den Weiler Villadun und biegen nach 300 Metern bei zwei Schildern mit der Aufschrift „AT" beziehungsweise „Refugio de Caza" links ab. 200 Meter weiter nehmen wir, als wir an einer Scheune vorbeigekommen sind, die Straße nach links, die schließlich schnurgerade über eine Strecke von 1,4 Kilometern bis kurz vor den Kreisverkehr an der Autobahnausfahrt führt. Den Kreisverkehr verlassen wir bei der mit einem Jakobswegschild markierten Ausfahrt und stehen schließlich nach 800 Metern an der Brücke von Ribadeo. Auf dem durch einen Drahtzaun von der Autobahn abgetrennten Seitenstreifen durchleben wir 600 spektakuläre Meter bis zur anderen Seite der Ria.

Hier geht es rechts hinunter, dann scharf rechts und gleich wieder rechts unter der Autobahnbrücke hindurch (links geht es zur Herberge). Noch vor dem kleinen Spielplatz fahren wir nach rechts durch eine kleine Siedlung. 180 Meter weiter endet die Straße an einem grünen Hoftor, wenige Meter daneben verläuft aber die Hauptstraße Av. de Rosalia de Castro, die uns am Busbahnhof vorbei ins Stadtzentrum (centro urbano, 600 Meter) bringt. An der Rua de San Roque beginnt links die Fußgängerzone, die in die Altstadt führt. Auch die Straße, die geradeaus weiterführt (Rua Ramon Gonzales), ist nur für Anlieger zu befahren. Wir schieben unsere Räder etwa 150 Meter, überqueren dann die N-634, halten uns nach weiteren 150 Metern schräg rechts und gelangen auf die Rua San Lazaro, die uns an den Sportstätten (instalacions deportivas) vorbei aus der Stadt herausbringt. An der dreifachen Gabelung wählen wir hierzu die Mitte und passieren kurz darauf das kleine Fußballstadion. Hinter den Bahngleisen (850 Meter) geht es rechts weiter Richtung Igrexa de Ove. Wir werden durch den Ort auf ein kleines Sträßchen steil bergauf geführt. Nach 3,2 Kilometern gelangen wir auf eine Landstraße (LU-P 5207), auf der wir weitere 1,6 Kilometer bis zur weiß-roten, freistehenden Kirche von Vilela bleiben. Dort folgen wir dem Muschelsymbol nach rechts durch das Dorf bis zu einem Platz mit Steinbänken (650 Meter) gegenüber der Bar „A Pena“, wo es leckere Pilgermenüs gibt. Nach links geht es zu Herberge (gelbes Haus), das Muschelsymbol zeigt nach rechts, wir fahren aber weiter geradeaus. Nach 350 Metern fahren wir rechts auf die LU-133. Mangels mit Rädern befahrbarer Alternativen bleiben wir nun 7,3 Kilometer auf der Landstraße und biegen erst hinter dem Weiler Remourelle nach links Richtung Vilamartin Pequeno ab. Zunächst führt die Straße ansteigend durch ein Wäldchen, dann durch Vilamartin Pequeno (1,4 Kilometer, bei der Gabelung zu Beginn links halten) und schließlich nach Durchschreiten der Talsohle (1,9 Kilometer, der Markierung nach rechts folgen) wieder steil hinauf Richtung Vilamartin Grande (700 Meter). Im Ort folgen wir den Muschelsymbolen auf eine Anhöhe und fahren auf der anderen Seite hinunter nach Gondan (2,3 Kilometer). Wenn die Herberge dort belegt oder wie in unserem Falle geschlossen ist, gibt es zwei Kilometer weiter in San Xusto eine weitere – bei der rasanten Abfahrt sollte man aber gut auf die Markierungen achten.

22. Etappe: San Xusto – Gontan (34 Kilometer)

Wir fahren auf der Dorfstraße aus San Xusto heraus und bleiben auf dieser, bis sie die N-634 erreicht (2 Kilometer). Der markierte Jakobsweg führt idyllisch durch die angrenzenden Wälder, ist aber nicht fahrradtauglich. Die nächsten 3,1 Kilometer auf der N-634 sind zwar recht ungemütlich, verlaufen aber immerhin meist bergab. Dabei muss man höllisch aufpassen, den Abzweig nach (Vilanova de) Lourenza nach rechts nicht zu verpassen, sonst muss man auf der Nationalstraße über die riesige Brücke fahren und hat erst Kilometer weiter die nächste Abbiegemöglichkeit. So aber fahren wir unter eben dieser Brücke hindurch und rollen hinunter in die Stadt. Kurz vor einer kleinen Brücke (650 Meter) weist ein blaues Jakobswegschild nach rechts; wir folgen den Schildern über eine kleine Steinbrücke und weiter zur beeindruckenden Iglesia de Santa Maria mit dem angrenzenden Monasterio San Salvador im Zentrum des Städtchens (450 Meter). Wir fahren auf der Hauptstraße rechts an einer Bar vorbei und gelangen 50 Meter weiter auf ein namenloses Sträßchen, das uns in Aussicht stellt, nach 8 Kilometern in Mondoñedo zu sein (oder in 130 Kilometern in A Coruña). Der Jakobsweg verläuft entlang dieses Sträßchens, jedoch im Wald und deutlich steiler. Die Straße – verwitterte Wegsteine deuten darauf hin, dass dies einst die N-634 war – ist aber auch so schon steil genug und windet sich auf den nächsten 3,4 Kilometern bis zum Dorf Arroxo etwa 160 Höhenmeter hinauf. Wir bleiben auf der Straße, unterqueren kurz darauf die zum Zeitpunkt unseres Erlebens noch im Bau befindliche Autobahn und kommen bei einem Kreisverkehr wieder zurück zur N-634 (1,3 Kilometer). Auf ihr bleiben wir 2 Kilometer bis zum nächsten Kreisverkehr, wo wir die N-634 verlassen und die alte Straße nach Mondoñedo nehmen, die als Jakobsweg ausgeschildert ist. Wir folgen der Beschilderung in die schöne Altstadt von Mondoñedo mit der Kathedrale (2,5 Kilometer). Über den Kirchplatz führen uns die Markierungen aus dem Zentrum heraus. Nach 500 Metern geht es scharf links auf ein steiles Sträßchen, auf dem wir die nächsten Kilometer durch das herrlich grüne Tal des Rio Valiñadares radeln können. Von Mondoñedo (160 Meter über dem Meeresspiegel) bis Lousada (auf 400 Metern Höhe) geht es 9 schweißtreibende Kilometer hinauf. In Lousada zweigt der Jakobsweg auf einen oft matschigen Feldweg nach links ab, wir bleiben aber auf dem Sträßchen, das uns im Anschluss an einen weiteren kräftigen Anstieg bei Sasdonigas/ Chao de Aldea (520 Meter über dem Meeresspiegel) auf die N-634 führt, auf der wir die Fahrt fortsetzen. Nach 1,4 Kilometern weist ein Jakobswegschild gleich hinter dem Ortschild von Quende nach rechts auf einen Schotterweg. 1,8 gut ausgeschilderte Kilometer weiter gelangen wir auf eine kleine Landstraße, die uns hinunter nach Gontan führt. Die komfortabel ausgestattete neue Herberge befindet sich direkt am Dorfplatz mit seinen charakteristischen Viehmarkthallen.

23. Etappe: Gontan – Baamonde (41 Kilometer)

Der Jakobsweg verläuft von Gontan bis Baamonde auf Feld- und Waldwegen entlang der N-634. Wir entscheiden uns für eine andere Variante und fahren auf kleinen Landstraßen durch die Terra Cha (flaches Land) nach Baamonde. Die Gegend macht ihrem Namen alle Ehre, die Auffahrt zur N-634 bleibt der einzige Anstieg des Tages. Wir überqueren die N-634 (Richtung Centro de saude, Camino Real) und folgen der Straße 750 Meter. Kurz hinter einer Autobahnunterführung biegen wir nach links auf die LU-1011 Richtung Castro/Lugo. Nach 800 Metern mündet diese Straße auf die großzügig ausgebaute LU-113 (weiterhin Richtung Castro/Lugo), auf der es sich fährt wie auf einer Autobahn ohne Autos. Nach 7,3 Kilometern verlassen wir die überdimensionierte Straße in Zonan nach rechts Richtung Cospeito/Rabade und kommen auf die LU-121. 3,7 Kilometer weiter überqueren wir in O Santo eine andere Landstraße (LU-120) und erfahren, dass unsere Straße Richtung Cospeito nun LU-111 heißt. Hier ist auch schon die

„Lagoa de Cospeito“ ausgeschrieben, der Abzweig dorthin folgt allerdings erst nach 4,2 Kilometern (nach rechts ausgeschildert). Schwimmen kann man dort allerdings nicht, vielmehr ist es ein beliebtes Gebiet, um Vögel zu beobachten. Wer sich die Zeit zum Verweilen nehmen möchte, kann dort abbiegen und noch 500 Meter weiter fahren, bevor hinter einem Steinblock ein Fußweg beginnt, auf dem ein See umrundet werden kann (ca. 3 Kilometer). 600 Meter hinter dem Abzweig sind wir schon im Städtchen Feira do Monte, das wir auf der Hauptstraße durchfahren. Nach Passieren des Kreisverkehrs am Ortsausgang bietet sich für die nächsten 3 Kilometer der Luxus, einen parallel zur kaum befahrenen Landstraße verlaufenden Radweg zu nutzen. Insgesamt bleiben wir noch 7,6 Kilometer auf dieser Straße (LU-111) und biegen dann nach rechts ab Richtung Fermil/Begonte. Eventuell wäre der vorhergehende Abzweig auf die D.P. 1611 (CP 16-11) vorteilhafter, um nach Begonte zu gelangen. Denn der große Wermutstropfen bei der Fahrt auf der beschaulichen Landstraße sind die wenig freundlichen Wachhunde in den Dörfern, die einem den letzten Nerv rauben können. Nach 3,3 Kilometern kommen wir zu einer Kreuzung, an der wir die LU-541 überqueren, und halten uns bei der Gabelung direkt danach links. Hier fahren wir noch 3,6 Kilometer auf dem engen Sträßchen, bis wir die Autobahn überqueren, und sind dann einen Kilometer weiter auf der Nationalstraße N-VI in Begonte. Auf dieser fahren wir nach rechts und folgen ihr die letzten 6,3 Kilometer bis Baamonde. Den Verkehr braucht man auch auf dieser Nationalstraße nicht zu fürchten. Am Kreisverkehr im Zentrum halten wir uns rechts (es ist die N-634), die Herberge befindet sich 80 Meter weiter auf der linken Seite.

24. Etappe: Baamonde – Sobrado dos Monxes (35 Kilometer)

Wir setzen unsere Fahrt auf der einsamen N-VI Richtung A Coruña fort. Nach 3 Kilometern weist ein Jakobswegschild nach links über einen ungesicherten Bahnübergang. Wir überqueren den Rio Pargas auf einer malerischen Steinbrücke und folgen dem sanierungsbedürftigen Sträßchen auch dann, wenn der Jakobsweg kurz darauf zur Kapelle und Quelle „San Alberte" rechts abzweigt. Diese befinden sich zwar nur ein paar Meter weiter im Wald versteckt, der weitere Wanderweg über große Felsbrocken ist allerdings mit dem Fahrrad nicht zu machen. Das Sträßchen bringt uns ansteigend nach Castoiras (4 Kilometer). Bei der nächsten Gabelung (170 Meter) halten wir uns links, nach weiteren 300 Metern tauchen auch wieder gelbe Pfeile auf. Wir folgen den Symbolen auf einer Strecke von 400 Metern bis zu einer Art Freilichtbühne. Der Jakobsweg führt hier weiter über eventuell morastige Feldwege zur Herberge von Miraz. Dies wäre mit dem Fahrrad noch kein Problem, doch hinter Miraz beginnt ein Pfad durch die Heidelandschaft des Alto de Mamoa, der nur mit einem guten Mountainbike zu befahren ist. Wir wählen daher eine westlich davon verlaufende Variante auf kleine Landstraßen über das Dörfchen Mariz. Deshalb biegen wir bei der

Freilichtbühne rechts ab, wo nach 500 Metern eine weiße Flagge den Weg zum Ökohostel Deva Pronatura weist. Wir folgen der Straße bis Parga (2 Kilometer), durchfahren das Dorf (nicht über die Brücke hinüber) und biegen 600 Meter hinter dem Ortsschild bei einem auffällig gelb-rot gestrichenen Haus rechts ab auf die Straße nach Ferreira. Diese führt 5,7 Kilometer mit kleineren Anstiegen durch eine einsame Heidelandschaft, bis das Ortsschild von Mariz wieder so etwas wie Zivilisation ankündigt. Bis zur schönen Kirche des Ortes sind es noch einmal 850 Meter. Dort befinden wir uns bereits auf der Landstraße LU-P-2302, die uns auf den nächsten 4 Kilometern 100 Höhenmeter hinaufstrampeln lässt. Der windumtoste Bergrücken ist damit der höchste Punkt unseres gesamten Weges (650 Meter über dem Meeresspiegel). Oben ändern sich Landkreis (Sobrado) und Name der Straße (DP 8001), die nach 8,5 Kilometern des Bergabfahrens in As Cruces an der weißen Kirche endet. Wir biegen dort nach links auf die AC-231. Auf deren Seitenstreifen fahren wir die letzten 4,5 Kilometer nach Sobrado do Monxes, wo sich die Herberge im alles überragenden Kloster befindet.

25. Etappe: Sobrado dos Monxes – Monte do Gozo (53 Kilometer)

Wir bleiben auf der Hauptstraße durch Sobrado, die nach Verlassen des Ortes AC-934 heißt und uns im üblichen Auf und Ab bis Vilanova führt (10,5 Kilometer). Gleich hinter dem Ortschild folgen wir bei der Gabelung einem Muschelsymbol nach rechts Richtung Boimorto. Nach 1,3 Kilometern fahren wir bei einem Spielplatz rechts auf die CP-0603 Richtung A Mota/Calvos. Kurz darauf zweigt eine Variante des Jakobswegs nach links Richtung Arzua ab. Wir bleiben jedoch auf der Straße, um so spät wie möglich den Kulturschock des Camino Frances zu erleben: Unsere Variante trifft nicht schon in Arzua auf diesen, sondern erst 10 Kilometer weiter in Salceda. Auf der CP-0603 geht es die nächsten 9,8 Kilometer meist bergab, bevor sie an einer T-Kreuzung bei einem Stoppschild endet. Wir biegen links auf die Landstraße, die sich 250 Meter weiter als CP-0604 (Kilometerschild am rechten Straßenrand) zu erkennen gibt. Nach weiteren 150 Metern weist ein Schild Richtung „Parroquia de Oins", und wir folgen der Straße durch mehrere Dörfer, bis wir schließlich die Nationalstraße N-547 erreichen (7,6 Kilometer). Wir überqueren diese und stehen nach 50 Metern am Camino Frances, oder besser gesagt: Wir werden dort von den Pilgermassen umgerannt. Mit der Ruhe ist es hier endgültig vorbei. Und weder auf der viel und schnell befahrenen Nationalstraße noch auf dem parallel dazu verlaufenden Jakobsweg fühlen wir uns richtig wohl. Bei Letzterem ist ein zügiges Vorankommen aufgrund des schotterigen Belags und der großen Anzahl von Pilgern, die verständlicherweise kaum Verständnis dafür aufbringen, vom Weg geklingelt zu werden, kaum möglich. Da wir es eher eilig haben, folgen wir der N-547, bis sie am Flughafen in die Autobahn mündet (11,8 Kilometer). Vorsicht: Man sollte dort nicht in den Kreisverkehr einfahren, sondern vorher dem Jakobswegschild auf einen auf der linken Straßenseite verlaufenden Asphaltwege folgen. Den letzten unschönen Anstieg vor diesem Kreisverkehr kann man sich ersparen, indem man die Einladung in Amenal annimmt und gleich hinter dem Ortsschild den Jakobswegschildern nach links auf einen ruhigen Feldweg folgt. Dieser trifft auf der Höhe den oben erwähnten Asphaltweg. Die idiotensichere Markierung bringt uns auf kleinen Sträßchen durch San Paio, Lavacolla und Vilamaior zum letzten Anstieg des Camino auf den Monte do Gozo mit dem riesigen Pilgerdenkmal. Kurz vor dem Monument ist die „polnische" Herberge (Centro Europeo de Peregrinacion, EU-Fahne) nach rechts ausgewiesen (noch 450 Meter).

26. Etappe: Monte do Gozo – Santiago de Compostela (5 Kilometer)

Vom Ziel der letzten Tage und Wochen trennen uns jetzt nur noch etwa 5 Kilometer, aber Aufregung und Ungeduld können einen bei der Einfahrt ganz schön aus dem Konzept bringen. Santiago gibt sich zwar alle Mühe, eine fahrradfreundliche Stadt zu sein, hat aber aufgrund des hügeligen Terrains, der Massen an Pilgern und Touristen und des Gewirrs an Kopfsteinpflastergässchen in der Altstadt denkbar schlechte Voraussetzungen. Also immer Ruhe bewahren im Großstadtpilgergetümmel. Von der „polnischen" Herberge aus fahren wir die Straße davor hinunter, nehmen nach einem Kilometer den zweiten Abzweig nach rechts (am Kreisverkehr) und kommen nach einem weiteren Kilometer hinunter zur altbekannten N-634. Auf ihr beziehungsweise auf dem Fußgängerweg an ihrer Seite überqueren wir Autobahn und Gleise und stehen hinter dem Kreisverkehr am Ortsschild „Santiago" (650 Meter). Wir bleiben noch 900 Meter auf der Straße und biegen dann den Pfeilen folgend in die Rua de Valiño, wo sich die Herbergen Santo Santiago (rechts) sowie Acuario (links, die Treppe hinunter) befinden. Nach einem Kilometer erreichen wir die mehrspurige Av. de Lugo, überqueren diese und kommen in der Rua de Concheiros zum ersten Mal mit dem in der Innenstadt allgegenwärtigen Kopfsteinpflaster in Kontakt. Nach 400 Metern muss man sich als Radfahrer entscheiden, denn geradeaus dürfen Fahrräder nicht weiterfahren: Entweder man reiht sich zu Fuß in den geradeaus fließenden Pilgerstrom ein und genießt den letzten Kilometer im Schneckentempo, oder man folgt der ausgewiesenen Radroute nach rechts. Diese führt ansteigend am Museo de Pobo Gallego vorbei zur Rua de San Roque (400 Meter), wo sich die Beschilderung verliert. Wir fahren die Rua de San Roque rechts hinauf und biegen beim an ein Gefängnis erinnernden Convento de Santa Clara (220 Meter) links ab. Die Straße bringt uns kurvig hinunter zur mehrspurigen Av. Xoan XXI (300 Meter). Dort fahren wir nach links auf die seltsame Stahl- und Glaskonstruktion zu, die wie eine überdimensionierte Bushaltestelle ohne Busse aussieht, und an ihr vorbei in die Altstadt (500 Meter). Nach weiteren 300 Metern stehen wir auf der Praza do Obradoiro vor der Kathedrale.

Informationsteil

1. Jakobswege

Das Grab des Apostels Jakobus in Santiago de Compostela ist seit seiner „Entdeckung“ im 9. Jahrhundert Ziel einer fortwährenden Pilgerbewegung. Jakobus selbst soll historisch nicht verbürgten Berichten zufolge in Spanien missioniert haben, bevor er unter König Herodes in Palästina hingerichtet wurde. Nach seinem Tod soll sein Leichnam auf wundersame Weise nach Galizien gelangt sein, wo seine Jünger ihn an der Stelle des späteren Santiago de Compostela begruben. Einer der ersten Pilger war König Alfonso II von Asturien, der auf dem später „Camino Primitivo“ genannten Weg von Oviedo nach Santiago reiste. Bis ins 11. Jahrhundert gelangten die Pilger meist auf den Handelsrouten an der Küste nach Santiago, was in etwa dem Verlauf des „Camino del Norte“ oder „Camino de la Costa“ entspricht. Danach verlagerte sich der Pilgerstrom auf die heute „Camino Frances“ genannte Hauptpilgerroute ins Landesinnere. Für Pilger anderer Länder entstand in dieser Zeit ein Netz an Pilgerrouten, das ganz Europa durchzieht. Ihre historische Blütezeit erlebte die Pilgerbewegung nach Santiago im 11. bis 13. Jahrhundert mit täglich bis zu 1.000 neu ankommenden Pilgern – ihren Tiefpunkt 1978 mit gerade einmal 13 ausgestellten Pilgerurkunden. Dank der Demokratisierung Spaniens nach Francos Tod und des gestiegenen Bedarfs an Selbsterfahrungs- und Erlebnisreisen in unserer Gesellschaft ist der Jakobsweg wieder zu einem Massenphänomen geworden. Im Jahr 2013 erreichten über 200.000 Pilger Santiago de Compostela.

2. Der Küstenweg

Im Gegensatz zum „richtigen" Jakobsweg, dem deutlich populäreren Camino Frances, geht es auf dem Küstenweg sehr viel gemütlicher zu. Etwa 12.000 Pilger gelangen auf ihm jährlich nach Santiago – Tendenz steigend. Nichtsdestotrotz ist die Infrastruktur des Weges sehr gut ausgebaut, Markierung und Herbergen finden sich in ausreichender Dichte entlang des gesamten Weges. Im Sommer herrscht meist sonniges Badewetter, glücklicherweise sorgt aber die Nähe zum Meer dafür, dass Backofentemperaturen, wie sie auf dem Camino Frances oft herrschen, äußerst selten sind. Dafür sollte man sich aber auch für ergiebige Regenfälle mit entsprechenden Temperaturstürzen wappnen. Im Großen und Ganzen sind die Wetterbedingungen auf dem Küstenweg mit den Verhältnissen in Deutschland vergleichbar.

3. Pilgern mit dem Fahrrad

Beim Pilgern ist sicherlich der Weg das Ziel, deshalb ist jeder frei in der Wahl des Transportmittels. Um aber eine offizielle Pilgerurkunde in Santiago zu erhalten, muss man mindestens die letzten 100 Kilometer (also etwa ab Baamonde) zu Fuß oder die letzten 200 Kilometer (also etwa ab Ribadeo) per Rad oder Pferd gepilgert sein – und dies durch tägliche Stempel im Pilgerausweis nachweisen. Von San Sebastian aus, wo wir unseren Camino begannen, sind es etwa 870 Kilometer. Für Radfahrer eignet sich die Küstenroute besonders gut, da sie im Gegensatz zum ganz auf Wanderpilger zugeschnittenen Camino Frances meist auf Landstraßen und asphaltierten Wegen verläuft. Dafür ist das Höhenprofil der oft fjordähnlichen Küstenlandschaft und des bergigen Hinterlandes deutlich anspruchsvoller als das des über weite Strecken flacher verlaufenden Hauptweges. Zwar fehlen die wirklich großen Anstiege – der höchste Punkt des Weges liegt bei gerade einmal 700 Metern über dem Meeresspiegel –, doch sollte man damit rechnen, täglich etwa 500 Höhenmeter meistern zu müssen. Besonders ausgeprägt gilt dies für den Beginn des Küstenweges im Baskenland und für Galizien, wo der Weg dem Atlantik den Rücken kehrt und ins Landesinnere zieht. In ganz Spanien besteht Helmpflicht für Fahrradfahrer, was aber von den Einheimischen alles andere als konsequent umgesetzt wird. Bei Fahrradanhängern besteht keine Klarheit darüber, ob sie zur Beförderung von Personen zugelassen sind. Nach reiflicher Überlegung haben wir uns aber trotzdem dazu entschlossen, beim Thema Sicherheit keine Kompromisse einzugehen, sondern das nach eindeutiger Studienlage sicherste Transportmittel für unsere Kinder zu verwenden. Unterwegs haben wir auch bei Einheimischen das ein oder andere Kind im Fahrradanhänger gesehen, so dass zu hoffen ist, dass diese bald offiziell Eingang in die spanische Straßenverkehrsordnung finden. Aktuelle Informationen findet man am ehesten über den Allgemeinen Deutschen Fahrrad Club (ADFC). Wir hatten auf dem Weg keinerlei Schwierigkeiten mit einheimischen Autofahrern oder Ordnungshütern. Die Reaktionen waren vielmehr geprägt von ungläubigem Staunen und Zustimmung. Auch war die Fahrweise der meisten Autofahrer weniger temperamentvoll als erwartet, so dass wir uns selbst auf der Nationalstraße durchgehend sicher fühlten.

4. Vorbereitung

Da es mit Kindern schnell in einer Katastrophe enden kann, wenn man einfach so ins Blaue radelt, lautet unsere Empfehlung, sich schon im Vorfeld damit vertraut zu machen, worauf man sich einlässt. Kondition beziehungsweise Sitzfleisch von Eltern und Kindern sollten vorher ausgiebig getestet werden. Außerdem kann man sich dank Google in ein lebendiges GPS-Gerät verwandeln. Spanien ist fast flächendeckend durch Street-View bequem vom Computer aus zu erfahren. Orientieren kann man sich dabei an den beiden deutschsprachigen Reiseführern zum

Küstenweg aus dem Stein Verlag beziehungsweise Rother-Verlag („Jakobsweg Küstenweg Camino de la Costa, Camino del Norte und beliebte Varianten" von Raimund Joos beziehungsweise „Jakobsweg Camino del Norte" von Cordula Rabe). Wir haben uns für Letzteren entschieden, aber mit beiden ist man hervorragend bedient und nicht deutschsprachigen Mitpilgern oft eine Nasenlänge voraus.

5. An- und Abreise

Das Netz der Jakobswege durchzieht ganz Europa, so dass es eigentlich kein Problem wäre, vor der eigenen Haustür zu starten. Allerdings werden die wenigsten Familien die dafür nötige Zeit aufbringen können, so dass die meisten ihren Pilgerweg erst auf der iberischen Halbinsel beginnen, wo auch die Infrastruktur deutlich besser ausgebaut ist. Will man keinen der zahlreichen kommerziellen Anbieter für (Rad-)Pilgerreisen in Anspruch nehmen, muss man sich und die eigenen Transportvehikel irgendwie dorthin befördern. Die einfachste und wahrscheinlich auch günstigste Variante ist ein Flugzeug nach San Sebastian, Bilbao oder auch zu einem Flughafen, der näher an Santiago liegt – wobei sich die Bedingungen für den Fahrradtransport von Fluglinie zu Fluglinie deutlich unterscheiden. Wer es gemächlicher und ohne schlechtes Umweltgewissen mag, kann bodengebunden anreisen. Touring-Busse fahren auch Irun oder San Sebastian an. Der Transport von Fahrrädern ist zwar nicht erlaubt, sollte aber kein Problem sein, wenn sie gut in verpackt sind (Koffermaße: Länge + Breite + Höhe = maximal 160 Zentimeter). Schwieriger wird es da schon mit der Bahn. Während es im ICE zumindest nach Anmeldung möglich ist, Fahrräder mitzunehmen, ist dies sowohl bei der französischen (SNCF) als auch der spanischen Bahn (RENFE) ausgeschlossen. Bei der französischen Bahn hat man noch die Chance, Fahrräder und auch eventuelle Fahrradanhänger in Taschen oder Koffer zu verpacken. Offiziell heißt es hierzu bei der SNCF: „Demontierte Räder können komplett verpackt als Handgepäck mitgenommen werden. Die einzige Bedingung, um von diesem kostenlosen Service zu profitieren: Das Paket bzw. das zusammengeklappte Fahrrad muss unter oder über dem Sitz verstaubar sein." Bei der spanischen Bahn RENFE hat man sich zusätzlich an die äußerst knapp bemessenen Koffermaße (85 x 55 x 35 Zentimeter) zu halten. Zwar steht in den einzelnen Zügen zumindest ebenso viel Platz zur Verfügung wie in den französischen TGV, und viele der dort abgestellten Koffer überschreiten die offizielle Norm, doch muss man betonen, dass man hier wohl der Strenge des jeweiligen Schaffners ausgeliefert ist und sich diese Variante allenfalls für Leute mit Spaß am Glücksspiel anbietet.

Für den Transport innerhalb Spaniens kann man auch auf die Schmalspurbahnen der baskischen EuskoTren und der nordspanischen FEVE ausweichen – vorausgesetzt, man bringt genügend Zeit mit. Deren Züge entsprechen nämlich eher Vorstadt- oder Regionalbahnen. Hindernisse für den Fahrradtransport stellen hier nicht die offiziellen Statuten, sondern allenfalls die selten barrierefreien Bahnhöfe dar. Da die meisten Pilger nach all den Strapazen nicht noch weitere Abenteuer bei der Rückreise von Santiago erleben wollen, machen die vielen Radpilger von der Möglichkeit Gebrauch, ihr Fahrrad samt Gepäck per Transportunternehmen in die Heimat zu schicken. Während es unseres Wissens keine Möglichkeit gibt, Fahrrad und Gepäck bei der Anreise nach Spanien vorauszuschicken, haben sich einige Firmen in Santiago auf den Rücktransport von Fahrrädern spezialisiert. Zu empfehlen ist hierbei die Filiale von Mailboxes ect. in der Rua de Santiago de Guayaquil (von der Praza Galicia 250 Meter die Rua de Horreo hinunter, dann links), die mit UPS zusammenarbeitet und auch das Verpacken der Fahrräder übernimmt.

6. Unser Pilgeralltag

Der Pilgertag begann früh, oft waren schon weit vor Sonnenaufgang einzelne plastiktütenraschelnde Mitpilger auf dem Sprung. Spätestens zwischen 8 und 9 Uhr mussten aber auch Langschläfer wie wir die Herbergen verlassen, damit diese bis zur Öffnung am Nachmittag für den nächsten Pilgeransturm frisch gemacht werden konnten. Bis etwa 15 Uhr radelten wir so weit, wie unsere Beine und die Laune der Kinder uns trugen, unterbrochen von mehreren kleinen Essens- und Spielplatzpausen. Da gerade kleinere oder günstig gelegene Herbergen oft schon früh belegt waren, sicherten wir uns meist gleich nach der Öffnung der Herbergen am frühen Nachmittag ein Bett. Zur

Ruhe setzen konnten wir uns dann aber noch lange nicht. Zunächst mussten wir uns erstens wieder in eine gesellschaftliche Kontakte erlaubende Form bringen (d. h. duschen), zweitens die gerade durchgeschwitzte Kleidung vor den letzten Sonnenstrahlen gewaschen auf die Leine hängen und vor allem drittens den von der langen Fahrt gelangweilten Kindern endlich ein altersgemäßes Animationsprogramm zu bieten. Idealerweise beinhaltete Letzteres einen Strand- oder Spielplatzbesuch, so dass wir die Kinder und uns selbst hungrig und zufrieden dem nahenden Abendessen, vorzugsweise einem Pilgermenü, zuführen konnten. Dann war es aber auch meist schon Zeit zum Zubettgehen, in fast allen Herbergen gilt ab 22 Uhr eine strenge Nachtruhe. Dies bereitete uns auch keinerlei Schwierigkeiten, denn spätestens um diese Uhrzeit waren wir nur noch daran interessiert, uns unserem ungeheuerlichen Schlafbedürfnis hinzugeben.

7. Übernachtungen

Die Übernachtungen in den Herbergen (spanisch: Albergue, Refugio oder Hospital de Peregrinos) entlang des Jakobsweges machen zweifelsohne einen Großteil des Pilgererlebnisses aus. Zwar gibt es an der Küste auch eine gut ausgebaute (pauschal-)touristische Infrastruktur mit zahlreichen guten und/oder günstigen Pensionen, aber gerade als Radfahrer finden Begegnung und Austausch mit den anderen Pilgern vor allem in den Herbergen statt. Angebot und

Nachfrage halten sich auf der Küstenroute in etwa die Waage, wobei zu hoffen ist, dass der Ausbau des Herbergsnetzes mit dem steigenden Pilgeraufkommen Schritt halten kann. Der Pilgerausweis dient quasi als Eintrittskarte für die Herbergen, und man sollte ihn sich schon vor der Reise bei einer der zahlreichen Jakobusgesellschaften besorgen. Die meisten Herbergen sind für etwa 30 Personen ausgelegt und werden von Gemeinden, Kirchen oder Vereinen betreut. Jugendherbergen und private Freizeitherbergen schließen eventuelle Versorgungslücken. Besonders gut ausgebaut und ausgestattet ist das Herbergsnetz in Galizien, wo sich die Landesregierung (Xunta) höchstselbst um deren Verwaltung kümmert. Bleiben kann man in Pilgerherbergen außer im Krankheitsfall nur eine Nacht. Sie schließen spätestens um 9 Uhr morgens und öffnen erst am Nachmittag wieder, meist gegen 15 Uhr. Der Preis für eine Nacht liegt bei 5 bis 20 Euro, oft wird auch nur um einen freiwilligen Beitrag (Donativo) gebeten. Es versteht sich von selbst, dass in dieser Preiskategorie an Luxus und Komfort keine großen Ansprüche gestellt werden können. Etagenbetten und Gemeinschaftsduschen sind die Regel, Bettwäsche, Waschmaschine oder eine voll ausgestattete Küche eine absolute Seltenheit. Aber nach den Anstrengungen des Tages tritt der Wunsch nach Komfort meist zugunsten eines ausgeprägten Erholungs- und Schlafbedürfnisses in den Hintergrund. Letzteres macht einen auch erschreckend unempfindlich gegenüber den durchaus vorhandenen Ausdünstungen menschlicher Massenansammlungen oder nächtlichem Schnarcherlärm.

8. Ausrüstung

Fahrräder und Fahrradanhänger sollten robust sein, um den hohen Anforderungen des Camino gerecht zu werden. Das ständige Auf und Ab und die von heißem Asphalt bis zu steinigem Feldweg reichende Wegbeschaffenheit machen dem Material ganz schön zu schaffen. Wir haben uns aufgrund der geplanten Bahnfahrt (siehe oben) für zwei Falträder der Marke Tern entschieden. Diese nahmen die starken Beanspruchungen klaglos hin. Wichtig war hierbei die geringe Übersetzung – der erste Gang war der mit Abstand am häufigsten verwendete. Auch unser Fahrradanhänger der Firma „Kindercar" hat sein Durchhaltevermögen unter Beweis gestellt. Er musste immerhin die Kinder (zusammen 25 Kilo), Emilias Fahrrad (9 Kilo) und einen Teil des Gepäcks (5 bis 10 Kilo) sowie sein Eigengewicht (15 Kilo) über Stock und Stein, Berg und Tal befördern. Als Radpilger waren wir deutlich weniger eingeschränkt als unsere Kollegen zu Fuß, was das Gepäck betraf. Diese müssen sich jedes mitgenommene Gramm gut überlegen und sollten sich auf einen Rucksack von maximal 12 Kilo Gewicht inklusive Essen und Trinken beschränken – ein Wert, den wir deutlich überschritten. Trotzdem hatten wir nur das Nötigste dabei: zwei Radlergarnituren, bestehend aus leichter Funktionswäsche pro Erwachsener, dazu noch Regenjacken und je zwei Pullis für die unvermeidlichen Schlechtwettertage. Für die Kinder hatten wir deutlich mehr dabei, da gerade der Kleine in seinem besten Windelalter doch einen höheren Umsatz hatte. Dazu kamen noch vier

Schlafsäcke in unterschiedlichen Größen, zwei Handtücher, ein ausreichender Vorrat an Windeln und Feuchttüchern, ein Waschbeutel im Kleinformat und die Reiseapotheke. Bei dieser haben wir es auch bei Pflastern, Desinfektionsmittel, einem Anti-Insekten-Mittel sowie kinderkompatiblen Schmerzmitteln wie Ibuprofen und Paracetamol in der jeweils altersgerechten Dosierung belassen.

9. Essen und Trinken

Mit unserem Fahrradanhänger konnten wir uns den Luxus leisten, ausreichende Wasservorräte mitzuführen, meistens hatten wir einen 5-Liter-Kanister an Bord. Den Tag über haben wir uns mit Brot, Tomaten, Käse und Obst über Wasser gehalten. Für Natan haben wir auch noch jede Menge Babybreipulver mitgeführt, darüber hinaus bestand die Ernährung der Kinder zum Großteil aus Keksen, mit denen wir uns zuverlässig ihre gute Laune erkaufen konnten. Abends wird in Restaurants und Bars rund um die Herbergen des Öfteren ein deftiges Menu de Peregrino angeboten. Für 10 Euro erhält man ein einfaches Drei-Gänge-Menü sowie eine Flasche Wein oder Wasser pro Tisch. Bei diesem wenig asketischen Mahl kann man den anstrengenden Tag in guter Pilgergesellschaft ausklingen lassen. Dies ist auch beim gemeinsamen Kochen möglich, viele (aber bei Weitem nicht alle) Herbergen verfügen über eine Kochgelegenheit oder zumindest eine Mikrowelle. Zusammenfassend muss man aber festhalten, dass gesunde Ernährung auf dem Camino zwar möglich ist, leider aber oft den praktischen Gegebenheiten oder der Müdigkeit zum Opfer fällt.

10. Kosten

Die täglichen Strapazen sorgen nicht nur für einen klaren Kopf, sondern senken auch die Kosten der Reise dramatisch. Wer völlig erschöpft vom Rad fällt, isst, was auf den Tisch kommt, und schläft, wo er ein Bett findet. Darüber hinaus tendiert der Bedarf an kultureller Zerstreuung gegen null. Man hat also selten Gelegenheit, mehr als 30 Euro pro Person und Tag auszugeben. Einzig An- und Abreise schlagen mit höheren Kosten zu Buche – bei unserer Zug- und Fahrradversandvariante beliefen sie sich auf etwa 900 Euro.

11. Kindliche Bedürfnisse

Kinder haben die mitunter erstaunliche Fähigkeit, Gegebenheiten einfach so hinzunehmen, wie sie sind. Anders ist es nicht zu erklären, dass Natan und Emilia diese anstrengende Reise so mühelos überstanden haben. Wir haben sie schließlich aus unserem Alltag herausgerissen, auf einer abenteuerlichen Zugfahrt in ein fremdes Land verfrachtet, sie dort tatsächlich stundenlang in einem engen Fahrradanhänger sitzen lassen und sie mit ständig wechselnden Leuten in Kontakt gebracht, die meist sogar eine andere Sprache sprachen. Schließlich sollten sie in überfüllten

Schlafsälen ihre Nachtruhe finden. Und das alles für das für Kinder in diesem Alter völlig unverständliche Ziel, eine Stadt am Ende der Welt zu erreichen. Mit anderen Worten: Wir haben nahezu sämtliche kindlichen Bedürfnisse und Gewohnheiten ignoriert. Natürlich haben wir versucht, es ihnen so angenehm wie möglich zu gestalten, indem wir etwa alle zwei Stunden Pause gemacht und den größten Teil der Tagesetappe auf Natans Schlafzeiten gelegt haben. Emilia hatte die Möglichkeit, einzelne Abschnitte mit ihrem 12-Zoll-Fahrrad aus eigener Kraft zu meistern, wovon sie auf insgesamt fast 40 Kilometern Gebrauch gemacht hat. Gerade unterwegs haben wir in Sachen gesunde Ernährung beide Augen zugedrückt und für eine konstante Kekszufuhr gesorgt. Wir waren etwa jeden zweiten Tag am Strand und haben ab und zu für besondere Attraktionen einen kleinen Umweg in Kauf genommen. Zu den Höhepunkten für Kinder zählen der Tierpark Cabarceno bei Santander, das Museum der Höhle Altamira bei Santillana del Mar und das Dinosauriermuseum bei Colunga. Und natürlich die Kathedrale von Santiago, wo man den heiligen Santiago umarmen darf.

Alles in allem hatten unsere Kinder auf dem Camino trotz einiger Durchhänger insgesamt sogar bessere Laune als zu Hause. Und die vielen Erlebnisse in der gemeinsam verbrachten Zeit haben uns auch als Familie noch näher zusammengebracht. Wir können also eine solche Pilgerreise mit Kindern wärmstens empfehlen.